漫长的危机

欧洲的衰退与复兴

Thomas Piketty
[法]托马斯·皮凯蒂◎著
洪 晖 张琛琦◎译

中信出版集团·北京

图书在版编目（CIP）数据

漫长的危机：欧洲的衰退与复兴 /（法）托马斯·皮凯蒂著；洪晖，张琛琦译 .-- 北京：中信出版社，2018.5

ISBN 978-7-5086-8694-3

I. ①漫… II. ①托… ②洪… ③张… III. ①欧洲经济－经济危机－研究 IV. ① F150.44

中国版本图书馆 CIP 数据核字（2018）第 040234 号

漫长的危机——欧洲的衰退与复兴

著　　者：[法] 托马斯·皮凯蒂
译　　者：洪　晖　张琛琦
出版发行：中信出版集团股份有限公司
（北京市朝阳区惠新东街甲 4 号富盛大厦 2 座　邮编　100029）
承 印 者：三河市西华印务有限公司

开　　本：880mm×1230mm　1/32　　印　　张：8.5　　字　　数：140 千字
版　　次：2018 年 5 月第 1 版　　印　　次：2018 年 5 月第 1 次印刷
京权图字：01-2018-2256　　广告经营许可证：京朝工商广字第 8087 号
书　　号：ISBN 978-7-5086-8694-3
定　　价：49.00 元

服务热线：400-600-8099
投稿邮箱：author@citicpub.com

目　录

第二部分
为了欧洲的复兴

我们需要设立真正的欧元区财政议会，通过它来投票通过统一的公司税标准和欧元区预算，使得基础设施和大学需要的投资成为现实。以前往往是谈判到了凌晨4点，首脑们宣布欧洲得救了，然后在接下来的时间里，大家才发现原来连他们自己都没有搞清楚到底做了什么样的决策。

第三部分
收入与不平等

经济形势对于发达国家最底层的民众非常不利："光辉三十年"的高速增长戛然而止，去工业化过程日益凸显，新兴经济体力量不断增强，发达国家的中低端岗位不断流失，而这些国家中掌握大量金融资本和文化资本的群体却从全球化中赚得盆满钵满。

第四部分
我们该如何征税

制定一套适用于所有形式收入、采用统一方法征收的累进税收标准才是未来全面改革的更好办法。采用累进制普摊税的办法，既能实现高效征税，又能体现出收入分配的公正性，是替代社会增值税的唯一可行方案。

第五部分

短视的政策

这实际上是一种短视的自私行为，因为两国最终都会因为欧元区陷入衰退而遭受损失。在各国只顾自身利益的小把戏中，很难说谁的罪孽更深。德国创下了高得离谱的贸易盈余纪录，法国除了在经济、税收和社会保障制度方面改革不力外，在欧元区债务共担方面也没有提出一套详细的方案。

前　言

本书精选了我先后发表在《解放报》等媒体上（2008 年 9 月至 2016 年 7 月）的一些专栏文章。未经过任何更正和修改。由于时间跨度较大，其中有一些文章主题略显陈旧，而其他的在今天仍有借鉴意义。所有这些文章都展示出一个社会科学领域的研究人员在分析和把握世界局势、参与公众讨论和寻求公民责任感等方面做出的尝试和努力。

这 10 多年的时间里，尤为突出的大事件莫过于爆发于 2008 年前后并持续至今的世界金融危机。

我多次尝试分析爱尔兰危机和希腊危机之间的不同点和相同点，或者尝试理解中央银行在挽救世界经济危机中的新动作。同时，我也对老生常谈的法国国内主题进行了阐述。这些问题的解决是我们追求共同未来的基础，比如税收公正、退休改革、公立大学改革等。

2007 年夏天开始的金融危机，以及随之而来的 2008 年 9 月美国次贷危机和雷曼兄弟公司破产，可以被视为 20 世纪世界范围资本积累型资本主义危机前奏的一部分。

总体来看，从 20 世纪 80 年代初开始，在市场自律环境中的新一轮放松财政管控和不加节制的信用消费浪潮就已经席卷全球。

关于20世纪30年代大萧条和后来大动乱的记忆日益淡薄。20世纪70年代的“滞胀”（“停滞”和“通胀”两词的缩合）已经说明了50年代至60年代凯恩斯主义的局限性：其适用性是建立在紧急状态和战后（即第二次世界大战后，1946—1949年）特殊背景下的。

随着战后重建和“光辉三十年”经济快速增长的结束，政府职责模糊的延伸范围和50年代至60年代政府的征税过程理所当然地被质疑。[①]1979—1980年，美国和英国开始调整经济政策以应对日益严峻的被赶超的态势。以英国为例，其经济地位在当时受到了日本、德国和法国的威胁。

面对这种不利态势，里根和撒切尔夫人认为政府是问题症结所在，而绝非出路所在。他们认为应该取消这种会削弱英国企业家实力的政府行为，从而回归“一战”前的纯资本主义状态。苏联的解体使资本主义制度没有了敌人，也开启了一个新的阶段：人们开始相信“历史的终结”和以持续股市行情看涨为基础的“新增长”。

2000年年初，欧洲和美国的股市和房市财富积累达到并超过了自1913年以来的历史新高。2007年危机前夜，法国家庭持有的金融和不动产财富（除去债务）高达95万亿欧元，大约相当于法国6年的国民生产总值。法国人的财富持有量在2008—2009年有小幅下降，但是2010年又恢复上涨态势。目前财富总量超过了上百万亿欧元。

将这些数字放在历史背景下来看，我们会发现，财富积累量达到

① En France, le taux de croissance réel du revenu national passe de 5,2 % par an en moyenne entre 1949 et 1979 à 1,7 % en moyenne entre 1979 et 2009, soit une division par trois.

了一个世纪来前所未有的规模。私人净财富拥有量目前相当于 6 年国民生产总值的总和。相比之下，20 世纪 80 年代相当于不到 4 年的国民生产总值，50 年代不到 3 年。财富积累量达到如此规模还要追溯到 1900—1910 年的“美好年代”。那时积累财富和收入的比率达到了 6 ∶ 7。①

我们还会发现，目前庞大数量的财富积累不仅仅是政策调整的结果，更是经过 20 世纪最初 5 年的重创后采取补救措施并长期积累的结果。另外，近几十年来经济增速的放缓，也在客观上造成了社会财富和收入比率的居高不下。

我们正处于并将长期处于一个历史时期：经济发达国家的财富积累量稳步提升，而生产率和收入增长则十分缓慢。“二战”后，即 1945—1974 年的“光辉三十年”，人们错误地认为资本主义社会已经步入另一个阶段，在某种程度上讲，是没有资本的资本主义社会。而实际上，这仅仅是一个向重构资本主义制度过渡的中间阶段。除了世袭资本主义，不会有其他资本主义形式长期存在。

总之，20 世纪 80 年代和 90 年代开始放宽管制造成了新的问题：使 20 世纪初期的财政系统和世袭资本主义变得格外脆弱、变化无常而且令人捉摸不透。金融业在无监管、无谨慎调控的情况下发展，更没有名副其实的改革举措，甚至最初级的国际金融统计数据也受到了系统性混乱的影响。例如，世界范围内的财务状况（净值）整体为

---

① Voir T. Piketty, « On the Long-Run Evolution of Inheritance : France 1820-2050 », École d’ économie de Paris, 2010, et Quarterly Journal of Economics, 2011 (textes disponibles sur piketty.pse.ens.fr).

负，这在逻辑上是不可能的，除非地球上的一部分资产由火星所有。更为确定的是，正如加布里埃尔·祖克曼[①]最近指出的，这样不一致的现象说明有很大一部分在避税天堂和暂住人口持有的金融资产并没有被如实记录。这种情况尤其冲击了欧元区的外部头寸（净值），其实际状况比官方数据要乐观得多。原因很简单，富有的欧洲人有意隐藏一部分他们所拥有的资产，而欧盟目前并没有什么力所能及的举措阻止这样的不当行为。

总的来说，面对金融体系的不稳定和不明朗，政治分裂和无力团结使欧洲大陆尤其不堪一击。毫无疑问，对于强制实行适用于金融机构和国际市场的金融管制以及调控规则，19 世纪的欧洲国家是无能为力的。

欧洲面临的困难此起彼伏。通行货币（欧元）和中央银行（欧洲中央银行）分别在 20 世纪 80 年代末和 90 年代初被提上议程（欧元货币于 2002 年 1 月开始流通，《马斯特里赫特条约》则于 1992 年 9 月全民公决投票通过）。当时，人们认为欧洲中央银行的唯一职责便是“确保火车安全通过”，也就是确保低通胀水平和货币总额与经济活动大体同步增长即可。在 20 世纪 70 年代的“滞胀”之后，各国政府和舆论一直坚信中央银行首先应该独立于政权，而且其唯一目标应该是保持较低的通胀率。于是，历史上前所未有的独立于国家的货币和脱离政府的中央银行应运而生。

---

① Voir G. Zucman, « The Missing Wealth of Nations : Are Europe and the U.S. net Debtors or net Creditors ? », École d'économie de Paris, 2011, disponible sur www.parisshoolofeconomics.eu/zucman-gabriel/.

但是人们忽略了中央银行在大规模经济和金融危机发生时不可或缺的作用。中央银行不但可以稳定金融市场，还能避免一般经济萧条时期接二连三的破产。近几年来的金融危机使中央银行这一重大作用得以被人们重新认识。如果世界两大中央银行——美联储和欧洲中央银行——没有在危机期间加大货币发行量（2008—2009 年发行量均达到国内生产总值的几十个百分点），旨在以低利率——0~1%——出借给私人银行，那么可想而知，这次危机很可能达到与 20 世纪 30 年代大萧条时期同样的规模，失业率也将高达 20%。十分庆幸的是，美联储和欧洲中央银行懂得规避最坏的情况而且没有重蹈 30 年代“廉价处理者”的覆辙。30 年代大萧条时期，银行被放任不管，一家接一家地倒闭。当然，中央银行拥有的无限货币发行权必须受到严格的管控。但是，面对大规模危机，不充分发挥其作为最后贷款人的基本作用，无异于自取灭亡。

不幸的是，如果说中央银行在危机期间增大货币发行量的举措避免了 2008—2009 年危机的继续恶化并暂时控制了火势，那么它同时也导致造成危机的结构性问题没有得到足够的重视。金融监管自 2008 年以来只取得了很小的进展，而且危机不平等的根源——社会中下层民众收入的停滞不前和收入不平等的加剧——被视而不见，美国的情况尤为突出（1977—2007 年，60% 的财富增长集中在 1% 的最富有人群手中），这显然促进了私人借债[①]的激增。

再者，中央银行 2008—2009 年对私有银行的救助措施并没有阻

① Voir la « World Top Incomes Database » disponible sur www.parisschoolof economics.eu/topincomes/.

止 2010—2011 年经济危机进入新阶段——欧元区公共债务危机。需要注意的是，我们现在面临的困境，也就是此次经济危机的第二阶段，仅仅发生在欧元区。美国、英国和日本的负债率（公共债务分别为国内生产总值的 100%、80% 和 200%，欧元区则为 80%）高于欧元区，但它们并未遭遇债务危机。原因很简单：美联储、英格兰银行和日本银行以低于 2% 的低利率分别借款给政府，这样一来，不但缓和了市场矛盾，而且稳定了利率。相较之下，欧洲中央银行几乎没有借款给欧元区各国，造成了现在的危机。

要对欧洲央行这一特别态度做出解释，通常需要说起德国很久以前受到的创伤，欧洲央行可能担心再次陷入 20 世纪 20 年代那样的恶性通货膨胀。我并不十分信服这一解释。大家都十分清楚，现在面临的问题不是恶性通货膨胀。目前我们面临的威胁不如说是长期通货紧缩的经济衰退：物价、工资收入和生产量下跌或停滞不前。事实上，2008—2009 年大规模的货币扩张并未造成实质性的通货膨胀。德国民众很清楚这一点。

那么，可能更为合理的解释是：几十年来对于公共权力的错误认识最终使得人们面临危机，本能地认为私有银行比政府更能解决问题。在美国和英国，对于公共权力的误解已经达到顶峰，而中央银行最终懂得从实际出发，毫不犹豫地大量收购公共债务。

实际上，简单来说，我们遇到的特殊问题和主要困难就是从一开始就对欧元区和欧洲中央银行有不合理的规划，因此很难——但不是不可能——在危机期间重新制定游戏规则。主要的问题出在关于无国家货币、无政府央行和不以共同财政政策为前提的共同货币政策的设想。不以共同债务为条件的共同货币是行不通的。这样的模式在平常可以勉强运行，但在非常时期就会使情况加速恶化。

随着统一货币体制的建立，对 17 个欧元区国家汇率的投机行为被禁止：从此以后，德拉克马（希腊货币）对法郎贬值或是法郎对马克贬值都不再可能。但出人意料的是，对于 17 个国家间货币汇率的投机行为可能会被对于欧元区各国公债汇率的投机所替代。然而，第二种投机行为在很大程度上比第一种更糟糕。当本国汇率受到冲击，率先让货币贬值最起码可以保证本国竞争力，使用欧元作为单一货币的欧元区各国却不可能这样做。那么原则上讲，这些国家应该相应地获得稳定的财政状况，但实际情况显然事与愿违。

另外，目前我们遭遇的汇率投机问题尤其恶劣，以至于不可能平静地恢复公共财政平衡。公债涉及的（债务）总量实际上是相当大的。公债数额与国内生产总值相当，利率按照 5% 而不是 2% 计算。

也就是说，每年要花费 5% 的国内生产总值用于支付利息。那么，其中的差额，也就是国内生产总值的 3%（法国为 600 亿欧元），相当于高等教育、科学研究、法律和就业的全部财政预算！因此，如果我们不能确定一年或是两年后利率是 2% 还是 5%，也就不可能展开关于削减开支和增加税收的民主辩论。

更令人懊恼的是，欧盟需要改革、创新和合理化，而不仅仅是重新平衡财政预算和确保财政可持续发展，其首要目的是确保良好的公共服务、更具广泛性的个别情况以及更完善的人权保障。左派应该在有关税务制度革新（现行的税务制度十分复杂且不甚公平，需要从“收入相当、纳税相当”以及从源头征税、大基数征税和社会普摊金[①]低税率等原则出发进行改革)、退休制度重建(现行退休制度分为多个系统，民众难以理解以至不可能以共识和公平[②]为前提实行改革)和大学自主性(作为第三个关键主题，这个问题和财政以及退休改革一样，不应该被右派忽视)的问题上掌握主动权。

但是我们现在正被汇率投机的问题所牵制，那么该如何心无旁骛地展开这样的辩论呢？如果法国需要长时间承担 5%~6%，或者 4% 的高汇率，而英国有了英格兰银行的帮助只需支付 2% 的汇率(两国初始债务相同)，那么很快，欧元在法国的坚挺将很难保证。

那么，该如何解决呢？要终结欧元区 17 国的汇率投机问题，唯一的长久之计就是按照团结互助原则分担债务，建立共同债务(“欧元盟约”)。这也是唯一能使欧洲央行充分行使其最后贷款人职责的结构性改革。这意味着欧洲央行以后可能需要从市场上更多地购买国家债券。但是，面对 17 个欧元区国家不同的国债，欧洲央行将会面临一个无法解决的问题：应该购买哪国国债？利率又是多少？如果每天清晨美联储都要选择是购买怀俄明州、加利福尼亚州还是纽约州的债券，那么其稳健的货币政策将很难实行。

但是，树立一个强有力且合理的联盟政策权威是公共债务所必需的。我们不能在确立欧元联盟后却放任各国政府各自决定公共债券的发行量。而且，这一联盟的权威不能是国家元首委员会或是财政部长

---

① Voir par exemple C. Landais, T. Piketty, E. Saez, Pour une révolution fiscale, Éditions du Seuil, 2011, et disponible sur www.revolution-fiscale.fr.

② Voir par exemple A. Bozio, T. Piketty, Pour un nouveau système de retraite, Éditions rue d’Ulm, 2008, disponible sur piketty.pse.ens.fr.

委员会。我们必须向政治联盟和国家联合大步迈进，或者大步后退，撤销实行欧元作为统一货币的决定。其实，最简单的办法应该是赋予欧洲议会确实的预算权。可是问题在于，欧洲议会集合了欧盟 27 个国家，远远超出了欧元区的范围。还有另一个方法，我在 2011 年 9 月 22 日的专栏中提到过，由愿意实行共同债务的国家的财政委员会代表和欧洲议会社会事务委员会代表组成“欧洲预算参议院”。该参议院拥有发行共同债务的最高决定权（这并不会影响各国在需要的时候发行各自的国债，但其各自发行的国债不受集体保障）。此参议院要像所有议会一样，在做决策时实行少数服从多数的原则，而且辩论要本着公开、透明、民主的原则，这两点很重要。

国家元首委员会和欧洲预算参议院的区别就在于此。由于国家元首委员会以一致性（或是基本一致）为基础，而且最后往往会演变成私人秘密会议，因此日益停滞不前。通常情况下，国家元首委员会不会达成任何共识，即使偶然出现一致意见，也往往是莫名其妙的。但在议会的民主辩论中情况恰恰相反。现在协商通过新的欧洲条约要遵循单纯的跨政府逻辑（通过原则由 100% 变成国家元首委员会内部的 85%）并不能解决问题。也必然不能建立欧元联盟，因为这在政治统一方面需要更大的勇气。

2013 年《21 世纪资本论》[①] 一书出版后，我有机会到访许多国家，如墨西哥、印度、南非、巴西，以及中东各国和中国，就不平等日益加剧的现象与当地人士展开深入交流和探讨，其中包括大学生、社会

① 《21 世纪资本论》中文版已于 2014 年由中信出版社出版。——编者注

活动家、读者、作家、社团组织者，以及经济界、文化界和政界人士。

不管是在法国还是其他国家，参与政治不能简单地用选举来概括。民主制度首先应该建立在思想长期碰撞的基础上，拒绝现成稳妥的答案，敢于对权力和强势的立场提出质疑。不能把经济问题仅仅当作技术问题，丢给一群专家去处理了事。这些问题其实处处都闪耀着政治的智慧，每个人都可以表达自己的观点，但不能只想着突出自己。人类社会不存在现成的经济规律，有的只是大量的历史经验和全球各国经济走过的轨迹，里面充满了未知的变数，对制度的修修补补既不稳定也不完善，而人们就是从这些经验和轨迹当中挑选或创造出各种行为方式，来组织和调整财产关系和社会关系的。我坚信，经济、历史知识以及社会科学研究的普及，必将带来各种力量关系的改变和整个社会的民主化。历史总是在不断更替、重复上演的，这也许是我们从历史和政治角度看待经济问题时应该学习的第一课。最突出的例子莫过于欧洲的公共债务问题。有人总想让我们相信希腊和其他南欧国家没有别的选择，只能在未来数十年里继续拿出巨额的财政盈余还债。可就在 20 世纪 50 年代，欧洲的战后重建就是在一笔勾销过往债务的基础上才得以起步发展，首先受益的正是德国和法国，这两个国家也因此才有能力投资于经济增长和未来。

通过这些交流，我也坚定了一个想法，就是脱缰的全球化资本主义只会带来更多的不平等，这与制度受益者口中只有好处和效率的理想主义截然不同。由于国家间的情况千差万别，现代社会的不平等既有反映粗暴统治关系和种族社会歧视的旧制度因素，也包含着一些新生事物，往往导致私人财产被神圣化，失败者落得遍体鳞伤的下场，结果有时甚至比全球化出现之前更为极端。而就在这一切发生的同时，人类社会的知识和技术进步、文化创意的多样性和创造性也会带来前所未有的社会进步。不幸的是，如果不对经济和金融力量进行适当的管制和约束，不平等现象的抬升就有可能加剧特殊群体的紧张感和国家的自我封闭，这一点不管是对富国、穷国还是新兴国家都是一样的。

如果我们想总结一下 2012—2016 年这段时期最令人难忘也最不幸的重大事件，一定要数发生在叙利亚和伊拉克的战争，还有整个中东地区出现的乱局。与此同时，人们也对西方殖民列强通过 1916 年的《赛克斯 – 皮科协定》(Sykes-Picot) 在当地划定的边界提出了强烈的质疑。中东地区冲突的根源非常复杂，既有以往的宗教对立因素，也有无果的现代建国历程留下的问题。但显然西方各国最近的军事干预在其中发挥了决定性的作用，特别是两次伊拉克战争（1990—1991 年，2003—2011 年）更是影响深远。如果站在长期的视角来看，我们会很惊讶地发现，中东地区（这里指从埃及到伊朗，包括叙利亚、伊拉克和阿拉伯半岛，拥有大约 3 亿人口的广大地区）不仅是全世界最不稳定的地区，也同样是最不平等的地区。由于石油资源往往集中分布在无人居住区（领土的不平等也是伊拉克 1990 年企图吞并科威特的理由之一），据估算，该地区最富裕的 10% 人口掌握着 60%~70% 的总收入，比例高于地球上最不平等的国家（巴西和南非最富裕的 10% 人口掌握着 50%~60% 的总收入，美国约为 50%），更远远高于欧洲地区（欧洲目前大约为 30%~40%，低于 20 世纪初的 50%，随着两次战争的爆发和各国社会税收制度的建立，不平等程度逐渐降低）。

我们还应该注意到，地球上最不平等的地区往往有着严重的种族歧视历史，比如南非和美国就很明显，巴西的情况也一样（1887 年废除奴隶制时还有大约 30% 的人口是奴隶身份），但中东各国是例外。在这一地区，大规模不平等现象的起源离我们今天并不遥远，直接与当代资本主义的发迹相关，在这中间又是石油和主权金融基金起到了关键的作用。当然，殖民时期划定的国界也是造成地区不平等的原因之一，这些边界在很大程度上是随意确定的，一直处在西方国家的军事保护下。

如果算上来自阿拉伯世界的穆斯林移民在欧洲经常遇到的工作歧视，偶尔还有服装方面的歧视，再加上一小部分年轻人无所事事但狂热崇拜，现在又极力想把中东的冲突引到欧洲，一切变得好像充满了火药味。不管是法国还是欧洲，要想解决问题就不能再火上浇油。现在最需要做的是帮助年轻人获得教育和就业的机会，还有停止与中东的酋长们搞金钱关系，把更多的精力放在推动当地的公平事业上。

至于中东地区，出路当然不是对邻国发动悍然入侵，但应该允许对现有国界平心静气地坐下来协商，发展区域特色的政治一体化和再分配。将来迟早有一天，中东国家内部也需要建立一个更加民主、更加可预期的制度框架，负责实施国家间的再分配和团结互助，有些类似于欧洲的地区发展基金，虽然目前存在不完善的地方，但相比之下还不至于那么令人不满意。

从这个角度来看，我们可以把英国脱欧（至少有 52% 的英国人在 2016 年 5 月的投票中表示支持脱离欧盟，但真正的脱欧还有很长的路要走）看作 2012—2016 年发生的第二大重要事件。当然，它不像叙利亚和伊拉克的战乱那么让人揪心。但它不仅仅象征着欧盟的重大失败，对于世界上的所有地区而言，这都是一条令人沮丧的消息，因为当今世界比以往任何时候都需要找到区域政治一体化的独特发展道路。成功的欧盟可以为更加一体化的阿拉伯联盟带来启发，也可以为未来南美、非洲或亚洲的区域政治联盟指明方向。区域一体化在探讨世界性重要议题和再分配问题时同样可以发挥关键作用，其中首要的就是气候变化问题。相反，欧盟的失败只会使人们对超越民族国家的努力产生更深的怀疑，从而促使世界各国在群体归属问题上更加倒向自我封闭和民族主义。

矛盾就在于此。现在各国比以往更加需要签署国际协议和条约以保障本国的发展，特别是用规则来保障商品、服务和资本（以及更小范围的人员）的自由流通，包括英国现在也急着要跟欧盟国家就这些规则进行重新谈判。但与此同时，各方又举步维艰，难以获得民主协商的空间，用来探讨规则的内容以及跨国集体决策的机制，让各国人民和不同社会阶层能够互相认可，而不是无休止地做出牺牲，让最富有和流动性最强的群体从中渔利。英国投票支持脱欧的原因不仅在于日益年长的选民中不断滋生的仇外情绪，也不仅仅在于年轻选民参选率低，它更多地反映出欧盟在民主化和关注弱势群体方面的无能，反映出人们对这一切的彻底厌倦。

2008 年金融危机后相继上任的德国和法国领导人都应该对此承担主要责任。由于他们对欧元区危机的糟糕管理，已经在客观上使各国产生了逃离这一地狱般架构的念头。由于自私和短视的危机管理（简单来说，就是躲在自己国家极低利率的保护下，反对南欧国家真正的债务重组，而现在依然如此），他们“成功地”把一场源自美国私营部门的金融危机转变成一场旷日持久的欧洲债务危机，而实际上欧元区的债务水平并不比美国、英国和日本在 2008 年危机前的债务高。

尽管如此，我还是想用几句乐观的话来做总结，因为归根结底所有进程都是可逆的，最重要的是对后续行动讨论出一个方案。我想表示乐观的原因还在于，我认为只要有好的制度保障，人人都有展开合作和发明创造的无限潜能。人都是好的，只有不好的制度和需要改进的制度。希望犹在，欧洲国家之间是否团结互助，并不取决于必然或内在的法则，一切都要看人们在制度方面做出了哪些妥协。也没有规定说巴黎人或巴伐利亚人在对待贝里人或撒克逊人时一定比对待希腊人或加泰罗尼亚人表现得更友善。只有集体制定的制度和规则才会决定人们之间是否团结互助，不管是政治制度、选举规则、社会和税收制度，还是公共或教育基础设施都是如此。

欧洲制度的民主化改革将会推动欧洲各国的团结，从而制定出更好的发展战略。具体而言，欧盟采用首脑委员会和财政部长理事会的治理方式已经持续了数十年，委员会就像一部机器一样，可以在各国之间协调国家利益，但它不是通过公开辩论以多数表决的形式平稳做出决策。欧盟议会才是更有前途的机构，除了它不接地气的毛病以及完全绕开了国家议会的缺点外。而成员国议会虽然也有着种种不足，但始终是 20 世纪乃至 21 世纪欧洲民主和社会制度的基石。无论如何，解决的办法只能是让各国议会更多地参与进来，理想的方案是设立一个真正的欧元区议会，成员是各国议会代表，按照人口和政党的比例确定人数。这样就可以在各国议会主权的基础上建立一个真正的欧洲民主主权制度，从而具备强有力的民主合法性，用来制定社会、税收和财政等方面的必要政策。当然很多其他解决方案也是可行的。有一点很明确，一定要想方设法强迫未来参选的候选人对这些问题明确表态。只知道抱怨当前欧洲的问题还不够，应该把具体的改革方案摆上台面，经过大家共同参与讨论后尽可能达成最佳的妥协。

最后，我还想表达一个乐观的想法。从更广义的角度来看，我对“光辉三十年”时期的美好世界其实并不那么眷恋，因为那段时期也存在各种各样的歧视和不平等现象，特别是家长权威下的不平等和后殖民时代的歧视。我也完全不认为1980—1990年开始盛行的新自由主义彻底扼杀了欧洲社会进步的进程。实际上，尽管出现了各种困难，但欧洲社会模式的某些方面在1990—2000年一直在不断进步。比如，在法国推广的全民医疗保险（之前是一套分化严重、复杂难懂的制度，遗憾的是现在退休金制度依然没有大的变化）；在英国和德国设立的国家最低工资（虽然这也说明对工会力量下降的新情况应对不足）；在法国（也许不久在英国也会发生）的企业董事会中设立带有表决权的员工席位（虽然相比德国和瑞典，法国已经实施了数十年，但这一制度仍有待改进，并且还有很大差距）；还有在多个欧洲国家推行的匿名入学规则，可以更大程度地促进平等教育权（虽然这些机制还存在不够透明、民主协商不足的缺点）。争论还会继续下去，具体的决策还要取决于全体公民和社会团体的行动能力，取决于他们能否坚持努力，跨越知识和短视自私的障碍。

我相信，历史的终点还远未到来。

第一部分

漫长的危机

为什么一场来自美国私营金融部门的危机会演变成旷日持久的欧洲债务危机？最大的原因很可能就是欧元区的制度设计根本抵挡不住如此猛烈的风暴。单一货币要想正常运转，必须依靠共同的社会和教育基础，依靠协调一致的税收和利率制度。可是正如我们所见，欧洲的情况并非如此。

2007—2015：漫长的经济衰退

皮凯蒂博客（piketty.blog.lemonde.fr）

2016 年伊始，欧洲统计局刚刚发布了最新数据，在这个基础上对欧元区的经济形势做一番总结很有必要。

我们首先把欧元区的整体形势与美国做一个对比。

首先我们可以看到，2007—2009 年的“大衰退”最初发端于美国 2007 年的次贷危机和 2008 年 9 月的雷曼兄弟公司破产，后来又在欧洲和全美国引发了大致同样规模的金融危机。大西洋两岸的经济生产活动从 2007 年年底到 2009 年年初陡降了 5%，造成 20 世纪 30 年代“大萧条”以来最严重的世界性经济衰退。

2009 年经济开始复苏，生产活动在 2010 年年底至 2011 年年初左右大致恢复到了 2007 年年底的水平。此后，欧元区国家在 2011—2013 年再次出现生产活动的明显下滑，而美国经济却继续保持平稳上升。2013 年年初，欧洲经济也终于出现了恢复性的微弱增长，

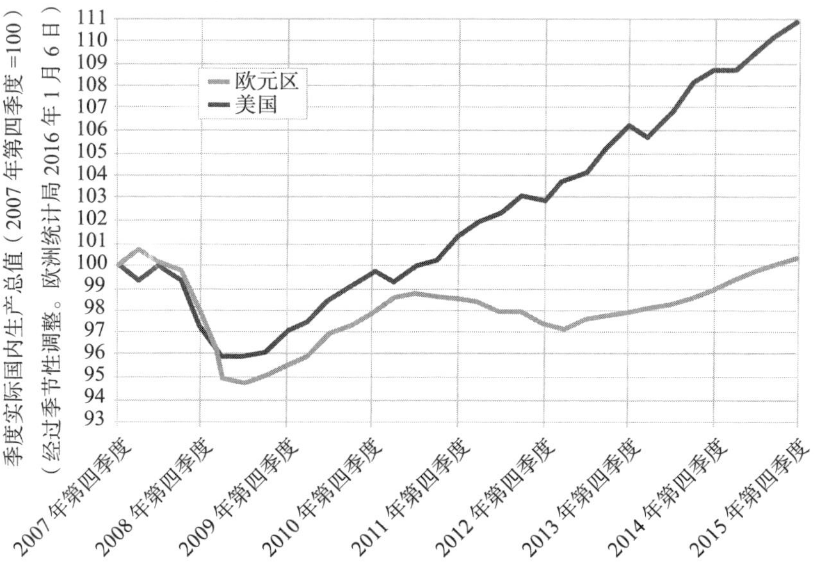

图 1　欧元区与美国经济生产水平对比

（国内生产总值，以 2007 年第四季度为 100 计算）

但糟糕的局面已经形成：到 2015 年年底，欧元区的国内生产总值始终未能超过 2007 年年底的水平，而美国在 2007—2015 年的增长已经累计超过 10%。考虑到欧元区人口增长虽然缓慢但始终为正的情况，特别是在法国，毫无疑问，欧元区在 2016—2017 年的人均国内生产总值水平还将低于 2007 年的水平。从某种意义上来说，这失去的 10 年，是“二战”结束以来前所未有、闻所未闻的。

2011—2013 年欧洲经济出现下滑的原因现在已经可以看得很清楚：当美国人采取相对灵活的财政政策维持增长势头时，欧元区国家却在拼命快速减赤，法国又实施了过高的加税政策。这就导致复苏被拦腰斩断，失业率攀升，最终赤字和公共债务也随之爬高，结果是事与愿违。

为什么欧洲国家之间的协调那么糟糕，把一场来自美国私营金融部门的危机演变成旷日持久的欧洲债务危机？最大的原因很可能就是欧元区的制度设计根本抵挡不住如此猛烈的风暴。单一货币要想正常运转，必须依靠共同的社会和教育基础，依靠协调一致的税收和利率制度。可是正如我们所见，欧洲的情况并非如此。另外，各国自顾不暇的心理也妨碍了欧洲调整制度和政策的步伐。具体而言，当金融市场在2010—2011年开始对南欧各国的债务发起投机性交易时，德国和法国却只顾着享受历史低位的利率，对滑向衰退深渊的南欧国家甩手不管。

我们可以从下面这张图很清楚地看到这一点：

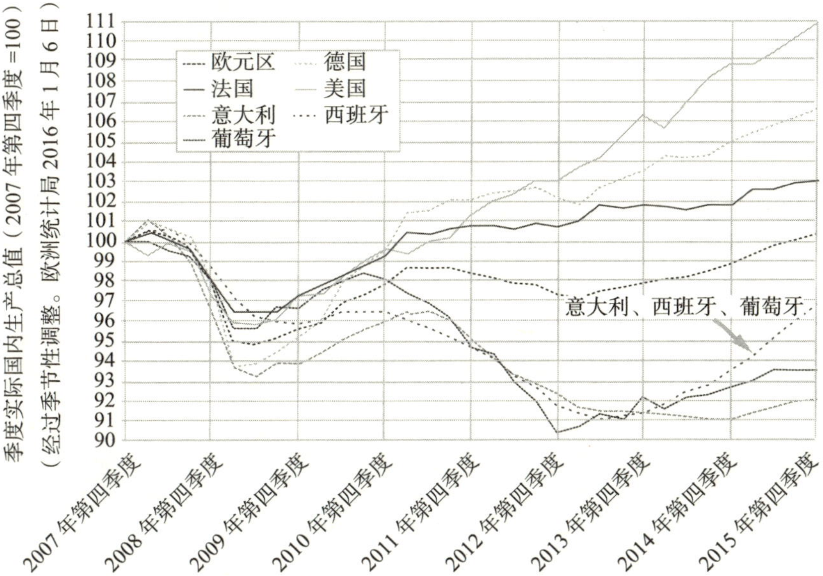

图2　欧元区经济生产水平（国内生产总值，以2007年第四季度为100计算）

可以发现，欧元区的平均数据实际上掩盖了区内各国大相径庭的真实情况。一方面是德国和法国虽然相对美国增长有明显的迟缓，但总体情况相对较好；另一方面，紧缩财政的疗法、利率的暴涨和金融部门的不信任危机，使意大利、西班牙和葡萄牙都遭受了沉重的打击。

最极端的情况还要数希腊，直到今天，希腊的经济生产水平依然不到2007年的1/4。

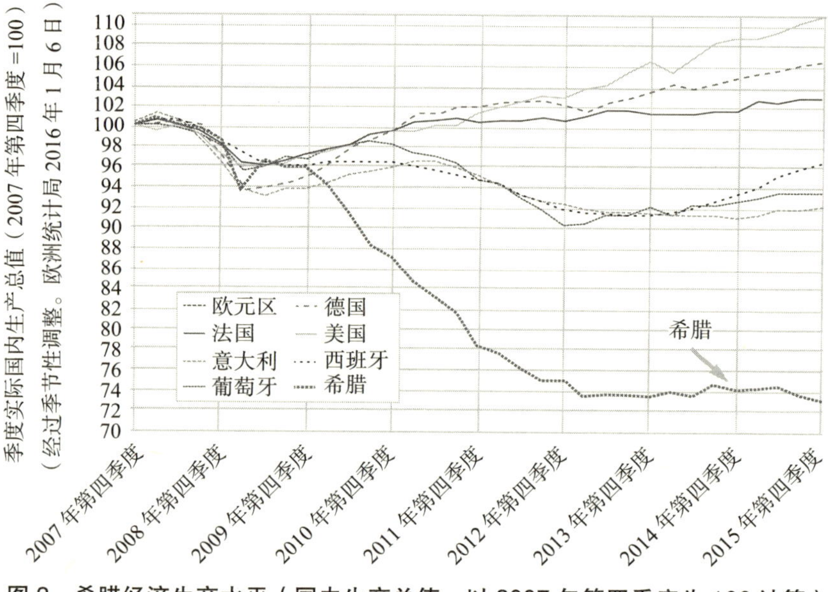

图3　希腊经济生产水平（国内生产总值，以2007年第四季度为100计算）

现在应该怎么办？在这里我不想重复论证，只想简单强调一下我的观点：欧元区国家应该开会决定延缓偿债和债务重组程序（就像20世纪50年代欧洲的做法，当时主要是德国从中受益）；重新讨论2012年的预算条约并最终引入民主和税收公平的条款。有一点是肯定的，从上面几张图也能清楚地看出来，有些国家的生产水平已经比10年前还要低10%或20%，如果再要求它们继续挤出占国内生产总值 3% 或 4% 的初级预算盈余来偿债，没有任何意义。但这却是以德国和法国为首的欧盟机构一再对希腊、葡萄牙和所有南欧国家提出的要求。就像去年 7 月 4 日欧盟峰会达成的糟糕共识一样，只是把债务重组的问题一再延后，维持不现实的预算盈余目标，同时宣布大量甩卖希腊公共资产，而在当前经济形势下也只能以超低价格甩卖了。眼下的当务之急正好相反，应该宣布延迟偿还债务，直到生产和就业恢复到正常水平。不仅如此，应对新的难民危机也需要动员所有欧洲国家，尤其是南欧国家团结合作，目前的欧洲政策简直就是在自寻死路，显示出一种集体的非理性。

2016 年 1 月 8 日

欠债就一定要还吗?

《解放报》

对有些人来说，这个问题的答案不言而喻：欠债当然要还，没有别的选择，除非有人愿意接受惩罚，特别是它已经被写入欧盟条约的基本条款中。不过，只要简单回头看看各国公债的历史，我们就会发现，这个牵动人心但又被大家不公正地遗忘的话题其实非常复杂。

先告诉大家一个好消息：过去的公债要比今天多，但在采用各种方法治理后都得到了解决。一种是见效比较慢的办法，通过耐心积累财政盈余，再一点一点地偿还利息和主要债务；另一种办法是加快速度，采用高通胀、征收特种税的方法，或者干脆将债务一笔勾销。

德国和法国在“二战”后的经历非常有意思，两国在1945年都面临高达国内生产总值两倍的公债水平（占比200%），比今天希腊或意大利的债务负担还要高。从20世纪50年代起，这一债务水平就降到了不到30%。如此快速的减债当然不是依靠财政盈余积累的结果；

相反，两国采用的是一系列快速的办法。1945—1950 年，无论是法国还是德国都把高通胀当作自己的核心经济政策。法国刚解放时还制定了一种专门针对私人资本的税收，财富最多的人要缴 25% 的财产税，1940—1945 年积累的财富税率甚至达到 100%。两国还采用各种形式的债务重组，这是金融家们用来说明免除部分或全部债务的技术名词，说得直白一点就叫估值折扣（haircut）。比方说，1953 年在达成著名的《伦敦协议》时，盟国就通过债务重组的办法免除了德国的大部分外债。法国和德国正是通过快速减债尤其是通货膨胀的方法，没有负担地走上了战后重建和经济增长的道路。也正因为如此，两国才能在 20 世纪五六十年代有能力大量投资于公共基础设施、教育和社会发展。而现在这两个国家却在一个劲儿地强调，南欧国家的公共债务一定要还，一个欧元都不能欠，而且不能采用通货膨胀或其他特殊手段。

眼下，希腊财政还有少许初级盈余，也就是说，希腊人缴纳的税收比享受到的公共支出要略高一些。根据 2012 年的欧洲协议，希腊必须在未来几十年的时间里创造高达国内生产总值 4% 的财政盈余，用来偿还国家的债务。这种政策非常荒唐，就连法国和德国都从来没有心甘情愿地实施过。

在这次对历史的超级遗忘中，德国当然应该承担起最大的责任。但如果法国表示反对，这样的决策也绝不会被通过。先后执政的法国政府，不管是右派还是左派，都表现得很无能，它们掌控不了局势，也拿不出真正的欧洲民主改革方案。

出于短视的自私，德国和法国对南欧国家采取了冷漠的态度。可这么做的结果无异于自酿苦酒。两个国家的公债水平目前已经占到其国内生产总值的100%，通胀率几乎为零，经济增长也非常迟缓，未来几十年都将难有作为，无力投资于未来。最荒唐的是，2015年的欧洲债务竟然主要是由内部国家之间的债务构成，和1945年战后的情况一模一样。显然，欧元区各国之间持有的债务已经达到了前所未有的水平：法国的银行储户持有一部分德国和意大利的债务，德国和意大利的金融机构持有一部分法国债务，诸如此类的情况并不少见。但如果我们把欧元区视为一个整体，那可以说我们就是自己欠自己的钱。不仅如此，我们在欧元区外持有的金融资产甚至要超过其他国家在欧元区内持有的金融资产。

与其自己向自己还几十年的债，还不如换一种方式对债务进行重组。

2015年4月20日

是否应该拯救银行家们?

金融危机会造成政府在经济和社会领域的强势回归吗？现在下此结论还为时尚早，至少应该粉碎谣言和确定辩论主题。由美国政府组织的银行救助计划和金融监管体系改革对其自身而言并不是一个历史性转折。美国财政部和美联储在推行它们的主张和致力于财政制度整体暂时国有化的过程中展现出来的快速和实用主义，还是令人印象深刻的。而且即使搞清楚纳税人需要支付的最终费用需要时间，目前介入范围之广超过之前的水平也是有可能的。我们现在谈论的是救助总额为 7000 亿到 140000 亿美元、相当于 5%~10% 的美国国内生产总值的资金，而储蓄贷款机构的破产使美国付出了约 2.5% 国民生产总值的代价。

另外，这种形式的介入是在某种措施、某种在过去已经推行过的主张和政策的范围内进行的。美国精英们从 20 世纪 30 年代就对此深信不疑：如果1929年的危机达到如此规模，并且使资本主义面临深渊，那么就是因为美联储和公共权力机构对银行拒绝为重振信心和维持正常经济秩序增加必要现金流通而最终破产放任不管。对于美国的一些自由主义者来说，美联储的干涉主义与面对金融领域之外政府干涉主义的怀疑论并驾齐驱：为了拯救资本主义，我们需要运转良好、随机应变、反应快捷的美联储，而不需要罗斯福支持者们想要强加给美国的松散的福利制度。如果忽略了这一历史背景，我们可能会对国家介入速度之快感到惊讶。

事情就此结束了吗？这取决于美国的总统竞选。候选人之一奥巴马可能会抓住这次机会加强政府在金融领域之外的介入，比如在医疗保险、缓和不平等现象方面。鉴于布什政府遗留下的预算问题（军费开支、金融救市），医疗方面的活动空间可能是有限的——美国人民同意多缴税的时代结束了。美国国会正在讨论的金融领域收入限制的问题也说明了目前意识形态背景的模糊性。然而，我们感受到美国民众面对最近30年高管和操盘手收入急速增长现象的不满情绪日益高涨。但是由纳税人资助的金融机构建立40万美元（美国总统的工资）最高工资标准的预计解决方案只是一部分答案，而且很容易被绕开——只需要将较高工资的支付转移到其他公司即可。

1929年危机之后，为应对使国家陷入危机的经济和金融领域社会精英的增多，罗斯福推出的举措十分突然。联邦所得税较高收入适用的税率在1932年由25%提高到63%，1936年为79%，1941年为91%，1964年降到77%，最终在20世纪八九十年代由里根和布什政府固定在30%~35%（奥巴马提议重新提高到45%）。在1930年到

1980年的大约50年间，较高税率不仅从未低于70%，而且其平均值在80%以上。在目前的意识形态背景下，领取奖金和无须缴纳超过50%税收就能获得数十亿美元的丰厚补偿（金色降落伞）的权利已经被列入人权范围。许多人认为这项政策是浅薄并且带有掠夺性质的，然而这一政策在半个世纪中为世界上大多数民主国家所用——显然没有影响美国经济的正常运转，而且这一政策有效控制了管理者们过度侵吞公司财产的野心。但是在金融全球化背景下，这样的机制可能需要在会计透明原则和打击避税天堂有力措施双管齐下的情况下才能得以实施。很遗憾，要想如此，可能还需要其他危机加以推动。

2008年9月30日

奥巴马与罗斯福：错误的类比

奥巴马会是另一个罗斯福吗？这一类比是吸引人的，但从多个角度看都是不恰当的，其中最明显的就是时间上的不同。罗斯福 1933 年 3 月被任命为总统的时候，美国经济形势似乎是完全崩溃的：1929 年起生产下降了 20%，失业率达到 25%，还有令人不安的国际形势。胡佛在任时，他在三年的时间里使自己陷入"破产"战略和反政府的教条主义（预算盈余持续到 1931 年，公共开销没有任何复兴迹象）中不能自拔，"破产"战略旨在放任"状况糟糕"的银行接连倒闭。经历了这段可怕的时期之后，美国人民渴望巨变，焦急地等待着罗斯福的上台。正是这令人绝望的局面使罗斯福能够实行全新的战略措施。

为了整治那些将国家推入深渊而自己发财的金融精英，也为了给联邦政府的壮大提供资金支持，罗斯福决定将较高收入和较高继承额适用的税率定为 80%~90%，这一水平在长达半个世纪的时间里保持不变。

在危机爆发仅仅几个月后上任的奥巴马面对的是完全不同的局势和明显不利的政治时机。不景气的状况虽然远远没有达到 20 世纪 30 年代那种世界末日的程度，但还是限制了奥巴马强行实施颠覆性举措的操作空间。如果危机加剧，奥巴马可能会成为众矢之的，而这种情况不会发生在罗斯福身上。事实上，在加重高收入群体税负的合理性问题上没有罗斯福坚定的奥巴马小心翼翼地将其上调计划无限期拖后，任由布什时期的减税政策自行消亡：最高收入的适用税率仅仅会在 2010 年年末从 35% 上调到 39.6%，而附加值的适用税率将会由 15% 上涨到 20%。

奥巴马的支持者们认为其在公共投资计划和过分侧重于中产阶级减税政策的振兴计划上的力度不够，这两个计划很受美国人民的欢迎，而且在公共支出方面的野心不够大。保罗 · 克鲁格曼几天前在《纽约时报》上写道，"'两党萧条'正威胁着我们"。奥巴马和罗斯福所面临的局势的另一个重要不同点使奥巴马的错误显得情有可原。从某种程度上来讲，1929 年危机之后政府扩大介入范围要容易得多，就是因为那个时候联邦政府实际上是不存在的。直到 20 世纪 30 年代初期，美国政府的开销不到国内生产总值的 4%，罗斯福在 1935—1945 年将这一水平提高到了超过 10%，"二战"期间为 45%，战后至今一直保持在 18%~20%。

这一国家权力的历史性扩大与 20 世纪 30 年代的公共投资和大型基础设施建设相对应，而且还与公共分配退休体系制度和失业保险制度的建立关系密切。奥巴马面临的使命更加复杂。正如在欧洲，现代国家力量的崛起已经发生，因此现在应该是福利国家合理化而不是建设和无限扩张的时机。奥巴马应该说服他的同胞们，危机的解决需要新一轮公共投资，尤其在能源和环保方面，以及新一轮公共开销，尤其在医疗保险领域。我们希望无须使危机发展到20世纪30年代的规模就能实现这一目标。

2009年1月20日

有还是没有执政计划?

在没有任何执政计划的情况下有赢得选举的可能吗？当然有。选举历史上这样的事例不胜枚举，一些政党最终获得胜利并登上执政舞台的原因并不是其执政计划打动了群众，而是得益于其对手犯的错误或是对手引起的不满情绪。但问题是，我们最终一定会为此付出代价。

我们以 1997 年法国社会党的胜出为例。他们在 35 小时工作制和青年就业方面的提议可算是一份执政计划。但如果我们重新提起，这些措施不过是以在几个星期的紧急状况下最快速地集结左派多数派政党为目的。这不是对当时负责人的诋毁，其胜利主要是由于其对手的拒绝。

问题出现在 2000 年。这两个象征性的措施开始施行之后，社会党不知道还应该做些什么，只是因为他们没有在任何其他议题上达成一致。退休、税收、高等教育、就业市场，执政党没有对这些关键问题中的任何一个进行过初步执政计划。公众最终意识到了这一点，而且社会党在2002年和2007年的失败很大程度上也是由此造成的。那些临时拼凑起来的措施很可能是政治定时炸弹。比如，“多劳多得”对于35小时工作制迟来的胜利。35小时工作制长远来看是一项很不错的改革，但在法国以及其他富裕国家从20世纪80年代就开始面临经济停滞的情况下就不那么合适了。

我们现在跨越大西洋来看看美国。对于许多美国观察家来说，事情一目了然：如果奥巴马被发现屈服于私人集团的压力并且使医疗改革变质，那就是因为他在选举前没有做好充分的准备。他并不是真正因为其执政计划而当选，这也是他现在的弱点所在。从欧洲的角度看，我们更加注重奥巴马选举的世界意义，我们希望对这位美国总统宽容一些。奥巴马当然可以在初选时采取共和党的口吻来对希拉里更有魄力的医改方案进行评论，这样奥巴马在面对国会和医疗产业时可能底气会更足一些。

然而，谁能够断言，奥巴马应该在最后关头提出一套完整的公共医疗改革方案唬住选民，而因此危及他短暂的历史性胜利？1.6亿享受私人医疗保险的美国人还没有准备好接受在美国只能一步一步来的公共医疗。不要忘了，有时选民们更加期待的是对世界的整体认知和对目前动荡局势的适应能力。

政治不是一门精确科学，和经济学不同，折中和妥协之间的界限很难划定。而2012年的法国总统选举该怎么办呢？对于法国左派来说，将希望寄托在萨科齐的节节败退上是很诱人的选择，萨科齐现在已经遭到很大一部分中间派和右派的反对，现在似乎转向了极右派。除非萨科齐逆转，但这仍然不能与布什逆转的国际影响力相比较，而且也并不意味着这场选举的结束。另外，如果说左派在没有真正执政计划、临时指定候选人、仅仅因为对手失败的情况下赢得了 2012 年选举是完全有可能的话，那么不幸的是，相反的情况仍然是最有可能的。

那么，在等待执政计划的过程中，祝大家新年快乐！

2009 年 12 月 29 日

谁将是危机中的赢家?

2007—2009年的世界性金融危机对财富分配会造成怎样的影响呢？和人们通常认为的相反，危机对于缩小贫富差距几乎没有持续性的影响。股价和房价的下跌确实会首先影响到财富的持有者，但是那些只通过劳动获得收入的人同样会因为劳动的贬值而受到冲击。因此，危机会造成全面衰退的情况。总体来看，最直接的影响就是分配层次中间层和上层差距的缩小（高管利润和奖金的减少）和分配层次下层和中间层差距的扩大（失业人数的增加）。如果对中期和长期影响进行分析，情况更加复杂。

1929年经济危机之后，世界上所有的发达国家都经历了一个差距缩小的历史性阶段。在美国，被10%最富有人群占有的国民收入，在1928年为50%，而到30年代下降到45%，五六十年代则下降到35%。直到2007年才恢复到1928年的水平，并略有上升。但是目前没有任何迹象表明这一幕会重演。

我们和安东尼·巴恩斯·阿特金森编订的历史丛书目前对 23 个国家在整个 21 世纪里每年差距的发展情况进行了描述，明确表示这样的金融危机不会对不平等现象造成任何持续性的影响，而是全部取决于与之相关的政治回应。比如，1991—1993 年瑞典的金融危机，对于从 20 世纪 80 年代就开始的财富和收入的集中趋势没有任何影响。而在 1997—1998 年亚洲金融危机之后的几年中，甚至出现了 10% 最富有人群占有的国家财富和国家收入比重突然上涨的现象，无论是在新加坡还是印度尼西亚都是这样。尽管手头上的数据信息尚不完善，但最为合理的解释可能是这些最富有的人能够在金融局势混乱的情况下更好地获利，他们能够在恰当的时候买入恰当的金融产品。价值较高的财富往往包含着风险投资，这能够使他们在暴涨时期获利，而在危机时期压低价格。如果我们拥有 100 万欧元资产（更不用说 1000 万或 1 亿欧元资产），与资产为 5 万或 10 万欧元的人相比，我们拥有的用来支付中介和金融顾问报酬的资源就会更多。总体来看，这第二种效应似乎在瑞典危机过程中占据主要地位，在亚洲金融危机中则更为明显，而目前正是这一机制在起作用也是完全可能的。然而事实上我们几乎什么都不知道，因为我们的数据统计机制对于实时研究目前复杂的金融再分配现象并不适用。更为遗憾的是，鉴于目前面对危机的政治举措，这些再分配在危机中扮演着举足轻重的角色。1929 年，政府对于破产现象放任不管，造成财富水平的明显下降。

目前，各国政府对银行和大型企业给予资金支持，从而避免了经济萧条，但是却没有责问这些被资助的机构。政府这一慷慨的举措在许多情况下对于混乱的再分配是有利的。在1929年之后，政府曾经对那些发展过程中对经济环境造成破坏的企业进行责问：企业所得税大幅上涨，对收入和巨额财富逐步征税，通过各种形式重新掌握财富（严格的金融监管、租金控制、国有化等）。正是这些政治举措造成了历史性的差距缩小，而不是这次金融危机。从技术层面看，目前面临的问题是不同的（期权库存、避税天堂等），但主要问题还是那些。由于资本深层的不平等和不稳定性，自然地造成了这些问题。不幸的是，似乎需要有新的危机来引起政府足够的重视。

2009年12月1日

希腊人并不懒惰

希腊人是如此懒惰，以至他们所消费的比生产的还要多；同时，他们还投票选出了操纵公共账户的腐败政府来坚定他们的幻想。若是你的邻居或兄弟消费的比他挣的还要多，而你只是借钱给他们，对他们真的有帮助吗？难道他们不应该停止大吃大喝，好好认识一下工作法和按劳分配的严峻性吗？

这种建立在家庭伦理基础上的隐喻（懒惰与工作、神童与慈祥的父亲）很显然是一种极其经典的修辞手法。富人总是这样习惯性地谴责穷人，即使是在希腊的阳光下也不例外。只不过在21世纪的资本主义和经济危机面前，这些伦理主义的隐喻如今似乎被传播到平日的圈子之外了。当这个世界已经复杂到我们无法理解，它就开始试着一点点变得简单，回到本来的面目。面对媒体过分粗暴的攻击，希腊总理在访问柏林的时候宣布：希腊人基因里的懒惰并不比德国人基因里的纳粹主义多。这些在国家首脑之间少见的不留情面的对话成功地引起了那些原本对希腊经济危机并不关心的人的注意。

这种存在于国家之间的家庭式关系，和被应用在个人层面上是一样的。资本主义并不是一种成就，和它应有的样子还相差甚远。我们简单地总结为两个原因：最初继承的随机性，以及某些资产收益的随意性。

最初继承的随机性是指，希腊属于一个一直被其他国家部分拥有的国家。世界上其他国家在希腊所拥有的（包括公司、房产、金融资产）在几十年前就超过了希腊在世界上所拥有的。结论是，希腊人可以用来消费和储蓄的国家收入总是低于他们的内部产值（减去付给世界上其他国家支付的利息和股息部分），而这使其消费高于生产的可能性变得很小。

在希腊，内部产值和国家收入之间的差距在经济危机的前夕大约是 5 个百分点（相当于如今要求希腊进行的预算调整的两倍多），这超过了一些曾经把钱全部投到国外的国家（比如爱尔兰）的这个数值的 20%，比一些南部的国家还要多。因为流动利息和红利只是投资的结果，所以希腊的债务人和他们的子孙们把他们产值的一部分付给债权人是公正并且正确的。同样，租客的子孙们无限期地付房租给房东的孩子们也是公正的。

关于功德的争论也循着同样的趋势发展着。

资产收益的随意性是指，经济危机首先是因为希腊纳税人突然需要支付高于公债 6% 的利息。希腊的内部产值约为 2000 亿欧元，而世界十大银行分别持有其高于 2000 亿欧元的资产。市场操纵机构的操纵杆可以在几分钟内决定一个特定券商征收 6% 而不是 3% 的利息——就这样他们把一个国家拉进经济危机中来。

这样的机制让我们注定走向失败，然而这并不是向家庭式伦理道德求助就能解救我们的。长期来讲，解决办法来源于公共权力对于财政强有力的操控。在欧洲，则需要建立一条通往预算联邦主义的道路。不过，这条道路并不经过国际货币基金组织，而是通过发行欧洲债券，或是某一天，通过货币主义的革命来实现。为了拯救这些银行，货币权威们以零利率或 1% 的利率借钱给它们。他们的做法是正确的。但是在这之后，要对欧洲（希腊抑或德国）纳税人解释他们需要勒紧裤腰带好几年来支付高昂的公债利息就不那么容易了。

2010 年 3 月 23 日

保护主义：有用的武器，退而求其次

为什么绝大多数经济学家都信奉自由贸易呢？首先，他们在学校的学习告诉他们，以最大限度利用双方的比较优势为目的，依托自由和竞争的市场环境，致力于创造最大价值的做法是最有效的。其次，可以通过税收和在每个国家内部透明的转移支付的方式，对贸易所得进行平均分配。这是学校里面传授的经济学知识：有效的再分配是税收再分配；应该由市场和价格尽量合理地发挥作用（所谓的“自由但不变形的竞争”），即使之后需要“再分配”。

在这个问题上，不是所有的观点都是错误的，但还是提出了一个重要的问题。在近 30 年里，产品和服务的贸易在这样的逻辑下被严重地自由化。不过，税收再分配增加的问题一直没有出现；相反，税收竞争减少了前几十年里逐步建立起来的累进税。最富有人群不但是贸易自由化和全球化的最大受益者，还享受到了很大幅度的减税政策。而最贫困人群却要在工资和就业水平停滞不前的情况下，忍受社会分摊金和消费税的上涨。税收再分配非但没有促进贸易所得的合理分配，反而可能会加剧不平等现象。

一些人会说，这很遗憾，但我们能做些什么呢？如果选民的政治倾向导致税收再分配减少，我们当然可以对此表示遗憾。但是我们仍然不能设立贸易壁垒，因为这只会影响本来就低的经济增长率。

除非仔细观察，不然我们不会发现无条件的贸易自由和税收倾销是有相通之处的。我们削弱了公共权力但没有得到相应的回报。尽管对进口征税和对出口补贴的行为被禁止，政府还是出台了一些促进国家生产发展的措施，特别是通过对外资投资和熟练工种减免税收（当然，所有这些都是在获得完全许可的情况下）。而且，无论是对企业还是对个人来说，金融服务和资本流动自由化直接为逃税行为提供了便利。由于国家间缺少恰当的配合，这一现象严重制约了国家实行自主的税收政策。

举个例子，2005 年实行的储蓄税指令最终被认为能够促进欧洲税收管理机构之间信息的自由沟通，目的在于各国能够实时掌握其国民持有的境外投资和相应的利息。但这一指令在卢森堡和瑞士始终没有实施。瑞士刚刚协商同意实行一项例外体制，即一视同仁地不泄露银行账户持有者的身份。除非这一指令只涉及银行储蓄和债券，否则会将主要境外金融投资排除在外（尤其是股票账户）。

为了使情况有切实的改变，仅仅依靠平静的 G20（二十国集团）峰会和对美好意愿的表达是不够的。为了叫停避税天堂，或者更广义地来说为重新控制处于混乱状态的全球化资本主义而实行金融、社会和环境监管，贸易手段是不可或缺的。如果欧洲能够统一意见，不再像一个政治侏儒一样，那么我们甚至可以避免目前禁运和保护主义的威胁。由于保护主义像警察一样是国家手中必须持有的具有威慑力的武器，因此保护主义并不是经济繁荣的源泉（与那些狂热的“反全球化”人士所认为的似乎相反）。如果我们选择继续深化欧洲建设而在这一方面没有任何推进的话，可能会引起十分严重的民族主义问题。

2011 年 12 月 20 日

爱尔兰的灾难

爱尔兰政府 4 月 7 日公布的新的改革方案，虽然在法国没有引起关注，但其在危机及其影响方面给我们的启示比 G20 峰会要多。是什么启示呢？像所有在金融和房地产领域投入过多的小国家一样，爱尔兰目前的情况十分糟糕。房价和股价泡沫的破裂造成建筑和金融领域经济活动的坍塌，之后影响到爱尔兰整个经济形势。爱尔兰国内生产总值 2008 年下降了 3%，最新的官方预测显示，在 2011 年经济复苏来临之前，2009 年国内生产总值会下降 8%，2010 年会下降 3%。税收收入大幅下降，而用于挽救银行破产和日后用于救助失业者（从现在到年末来看，失业率将会达到 15%）的开销却在上升，这意味着 2009 年爱尔兰将面临 13% 国内生产总值的巨额财政赤字——相当于公务员工资收入和退休收入的总和。

爱尔兰政府强制实行了苛刻法案。2 月，为支付退休金，公务员工资已经下调了 7.5%，这一极其突然的举措在预算赤字和预计通货紧缩（政府预测 2009 年物价会下降 4%，但是老百姓不这样认为）的情况下是合理的。上个周二，爱尔兰财政部长布赖恩 · 勒尼汉宣布了将 2009 年财政赤字由国民生产总值的 13% 降低到 11% 的新计划，其中一项重大举措是整体上调所得税。整体的上调幅度约为 4%，从最低收入税收上调 2% 到最高收入税收上调 9% 不等（对于 15000 欧元的年收入来说，上调幅度为 300 欧元）。这一举措将于 5 月 1 日实行。显而易见，这一紧缩方案还没有结束。

最令人不能理解的是，政府竭尽全力维持企业所得税 12.5% 超低税率的行为。布赖恩 · 勒尼汉 4 月 7 日表示并强调：重新启用自 20 世纪 90 年代以来通过吸引跨国公司和外资来获得财富的策略是绝对不可能的。加重人民负担比承担外国资本外流导致的一无所有的风险要好一些。很难想象爱尔兰人民在欧洲议会选举时会做出怎样的反应：否决政府、否决外部环境，甚至同时否决这两者。但可以确定的是，爱尔兰无法在其所处的复杂的国际环境中独善其身。

许多小国家采用的以税务倾销为基础的发展策略是个灾难。许多国家都效仿了爱尔兰的做法，因此不能单单是爱尔兰回到从前，目前几乎所有东部国家的企业所得税税率都只能勉强达到 10%。2008 年 IT（信息技术）业巨头戴尔宣布，关闭在爱尔兰的生产基地，将其迁移到波兰，这在爱尔兰引起了恐慌。另外，外国资本的积累使爱尔兰付出了巨大代价：目前，像爱尔兰一样的国家每年要支付其 20% 的国内生产总值给其工厂和商业机构的外国持有者。从技术层面来看，爱尔兰的国民生产总值比国内生产总值要低 20 个百分点。更严重的是，欧元甚至不能避免爱尔兰为其公共债务支付过高的利息。目前爱尔兰和希腊10年期贷款利率是德国的两倍（一个是5.7%，另一个是3.1%），这对于使用同种货币的国家是十分不正常的，说明市场认为这些国家可能破产，甚至货币联盟也可能破裂。由于匈牙利有过先例，而国际货币基金组织在通过实行紧急救助措施来暂时控制局势方面驾轻就熟，但是只有欧盟能够对拥有控制灾难起因的政治合理性抱有希望。大致来说，应该按照这样的方式进行：货币联盟保证欧元区的金融市场稳定，并在必要的时候为小国提供援助；但是相应地，这些小国需要停止它们的财税倾销策略，比如企业所得税税率至少要达到30%~40%。在接受放弃货币绝对权力之后，这些小国和大国应该接受放弃财政绝对权力。其他所有的解决办法都是不牢靠的。在没有统一经济领导的情况下建立货币联盟，即使在稳定时期也是有风险的。但是面对重大危机，整体局势失去控制的风险应该得到重视。

2009年4月14日

爱尔兰银行的救助丑闻

起初，爱尔兰是个奇迹，随后却演变成一场灾难，并且正向丑闻发展。似乎欧盟只有在将目前12.5%的企业所得税税率提高到25%~30%的情况下，才会拨款大约900亿欧元拯救爱尔兰的银行和公共财政。首先，鉴于欧洲救助计划，设立在爱尔兰的银行和企业最终都会恢复元气并重新获利。我们最低限度的要求就是它们所获得的利润能够大规模地贡献给国家。其次，也是最重要的一点，建立在财税倾销基础上的发展策略注定会失败，而且不论对于本国还是邻国来说都是有害的。现在欧盟应该以保证欧盟金融稳定为条件，掌握控制权并终止这一混乱局面。当然，这些举措是以真正能维持金融稳定为条件的。

在所有欧洲国家，强制税收的收入至少占国内生产总值的30%~40%，这笔收入可以为很大一部分基础设施、公共服务（学校、医院）以及社会保障（失业、退休）提供资金。如果我们只对企业所得征收 12.5% 的税收是行不通的。除非对劳动征收重税，但这一做法既不公平，效率也极低，还会造成欧洲范围内的大规模失业。

说得清楚一点，放任那些凭借欧洲内部贸易致富的国家蚕食邻国税收基础的行为，从严格意义上来讲与市场经济或自由主义原则没有任何关系。前者被称为盗窃。而借钱给曾经偷走我们东西的人以使他们卷土重来，并且不要求回报的行为，被称为愚蠢。

更糟糕的是，对于实行倾销的国家来说，倾销行为也是有害的。确实，每个国家都有自身的困难：就像在军备竞赛中一样，爱尔兰人希望其企业所得税率保持在低水平，同时波兰人和爱沙尼亚人等也保持着自己的税率水平。正因为如此，所以只有欧洲联盟能够终止这场荒谬的零和博弈。我们可以设想一个适用于整个欧洲范围内的企业所得税，或者各国至少 25%、欧盟 10% 的附加税率，这可以使欧盟负担得起危机造成的公共债务的增加部分，并且为公共财政恢复元气提供可能。

重新掌控局面势在必行，因为财税倾销直接加剧了爱尔兰泡沫以及目前的危机。特别是财税倾销造成了大量的人工计算量，使得爱尔兰的国民经济核算以及银行财报一片混乱。爱尔兰银行财报和国民经济核算目前被大规模转让定价数据所充斥（目的在于将在其他国家分公司取得的利润转移到爱尔兰），而其具体持有者毫不知情。这一暗箱操作行为所占比例要比希腊对于军费开支和财政赤字的操纵行为还要大。这两种情况都应该由欧洲联盟出面恢复应有的秩序。

只要不搞错方法。由默克尔和萨科齐首先提出的某些公共债务不会被全额偿还（估值折扣），明显不是个好主意。首先，如果我们希望银行和金融资产持有者为其错误负责，那么相对于以使国有银行破产为基础的“原始估值折扣”，“税收估值折扣”（我们偿还债务，但要通过欧洲企业所得税对金融利润进行征税）要好得多。不仅没有人真正清楚其运行方法，而且也不清楚谁是最终负责人。其次，这一大国策略最终会演变出 27 个不同的借款利率，从而重新引起投机行为。这使得统一货币的概念以及参与其中的小国的利益受到威胁。所以，当务之急是法德两国领导人需要恢复镇定，从雄心勃勃的欧洲视野出发，寻找摆脱危机的出路。

2010 年 12 月 7 日

终结国内生产总值，回归国民收入

关于新经济指数的《斯蒂格利茨报告》由于缺乏新意而备受争议，而且给出的建议不仅模糊不清还十分冗杂。但是其中有一条被认为带有创新色彩的具体提议值得被采纳，即应该从现在起停止使用国内生产总值而优先选用国民生产净值。

通常被称为“国民收入”的国民生产净值在20世纪50年代的法国被广泛使用，而盎格鲁–撒克逊国家至今仍然在使用这一指标。这一指标可以通过INSEE（法国国家统计与经济研究所）国民经济核算的详细列表来计算国民收入。然而，无论是在官方出版物中还是在公开争论中，这一指标从未被重视。很明显，这十分可惜。通过尝试衡量一国居民可支配的收入总和，国民收入将人放在经济活动的中心，而国内生产总值反映出的是“光辉三十年”时期对产量的追求。

国内生产总值是对一个人们认为工业商品积累就是结束、生产增长可以解决任何问题时代的反映。现在正是回归国民收入的正确时机。

国内生产总值和国民收入的区别是什么呢？第一个区别在于国内生产总值通常都是“未经扣除税款及各项费用”，它将全部生产计算在内，并没有将用于生产的资本的贬值考虑在内。特别是国内生产总值不考虑住宅、建筑、设备和电脑等的损耗。但是，法国国家统计与经济研究所却对这一贬值因素进行了详细的估算。尽管这些估算并不是尽善尽美，但仍然有其存在的意义。2008 年，这一贬值约为 2700 亿欧元，这就意味着对于 19500 亿欧元的国内生产总值来说，国民生产净值为 16800 欧元。

将这一贬值因素考虑在内，能够发现法国企业负储蓄的现状：分配给股东的部分超过了真正需要分配给股东们的量，以至分配之后剩余的部分不足以更换陈旧设备。

许多国家在其估算过程中开始将自然资产的贬值和生产过程中对环境造成的破坏考虑在内，诸如此类的努力应该继续下去。

第二个区别在于国内生产总值是“内部的”，因为我们要衡量的是在给定国家领土上产生的财富，没有考虑其最终目的地，尤其没有考虑国家间的利益流动。举例来说，对于一个全部企业及其生产资本都由外国股东持有的国家来说，其国内生产总值可能很高，而在扣除流向外国的利润后，国民收入则很低。

在 2008 年的法国，这一启示没有什么意义：据 INSEE 和法兰西银行统计，法国居民通过金融投资获得的境外财富与境外居民持有的法国财富数量大致相当。

也就是说，国民收入和国内生产总值几乎相同（16900亿欧元）。但在许多国家情况不是这样的，不仅仅是落后国家，比如爱尔兰面临的情况。回到法国人口数量为6200万的时期，2008年的人均国民生产总值为31000欧元，而人均国民收入仅为27000欧元。由于这一数据没有排除依靠税收发展的生产（教育、健康等）价值，因此其与法国居民平均收入相比较高，这是合理的。国民收入有助于消除数据和观念之间的差距，但需要建立在公布收入分配情况的基础上，而不是止步于平均收入的条件下。最近几次和伊曼纽尔·赛斯的分析显示：美国最富有的1%的人口持有的国民收入由1976年的不到9%上升到2007年的约24%，也就是上升了15个百分点。1976—2007年，美国58%的增长被1%的人口占有（2002—2007年达到65%）。

国民收入这一指标能够很清晰地反映出经济增长的社会占有情况，这是它的一大优点。

2009年10月6日

发挥作用的中央银行

我们每天都在谈论中央银行为摆脱危机实行的“非常规政策”。现在来具体看一下，在稳定时期中央银行都做些什么。它们仅仅满足于货币总量的增长速度与经济增长保持一致，目的在于保证 1% 或 2% 的低年通胀率。它们还向银行提供期限很短的贷款，通常为几天，诸如此类的贷款可以保证整个金融体系的清偿能力。对于单个银行来说，企业和家庭日常巨大的存款量和取款量从未达到平衡。传统上来看，这一职责在欧洲的重要性比在美国要大，因为银行在欧洲经济融资中扮演着很重要的角色，而美国则更多地依靠金融市场。那么一年里中央银行都做了些什么呢？大体上来看，它们将自己的规模扩大了一倍，美国的扩大了一倍多一点，欧洲的扩大了不到一倍。截至 9 月初，美联储持有的资产总额为 9000 亿美元，相当于美国国内生产总值的 6%。到 12 月初，美联储总资产骤然达到 23000 亿美元，相当于国内生产总值的16%。欧洲央行的发展态势和美联储相似。2008年9月到12月间，欧洲中央银行资产总额由14000亿欧元变为21000亿欧元，也就是从欧元区国内生产总值的15%变为23%。在三个月间，太平洋两岸的中央银行发行了相当于国内生产总值10个百分点的新的现金流。

中央银行将这笔钱借给了谁呢？主要集中在金融领域。但是，重点在于中央银行给予私有银行的还款期限。欧洲央行和美联储开始提供期限为3个月甚至6个月的贷款，因此贷款量相应增加。它们甚至向非金融领域的企业提供同样期限的贷款，尤其是在美国。从央行最近的报告来看，贷款量从年初开始回升。5月1日，美联储持有资产总额回落到15%的国内生产总值，欧洲央行的资产总额回落到20%的国内生产总值。央行希望从中找到金融领域不再需要额外现金流、经济复苏指日可待的证据。

但是，我们也可以将这一回升解读为银行不知道这笔钱该做何用处。事实上，金融领域提供给企业和家庭的贷款从未真正开始，而且2009年第一季度的下降速度与2008年第三季度的下降速度似乎是一样的。也许中央银行的“非常规政策”能够阻止银行的接连倒闭，这是20世纪30年代危机的主要特征，在危机期间银行都处于疲软状态。我们现在来说说创新的货币政策的可能性，其中有银行领域9个月或12个月的贷款，还有相对长期债券的直接购买。中央银行总结所涉及的广度还远远不能说明真正的通胀风险。“二战”时法兰西银行放出的贷款远远超过其当时国内生产总值的一倍，其中有80%直接借给了政府，这是随后几年出现严重通货膨胀的原因。

但是，除非设想中央银行直接向所有参与者提供任何期限的贷款——这是其欠缺之处，否则这些非常规政策迟早会达到它的极限。中央银行没有权力强迫遭受危机的个人参与者花费资金。货币扩张脚步的放缓尤其能够为公共赤字提供资金：中央银行没有直接贷款给政府（欧洲条约对此明确禁止，而美联储减少了国债的发行），而是由私有银行代替中央银行借款给政府。如果政府是唯一有能力花费资金的参与者，那么政府应该承担起责任，实行切实有效的复兴计划。

2009 年 5 月 12 日

重新关心一下中央银行

中央银行能够拯救我们吗？不，它们不能完全做到这一点。但是它们在目前的经济危机中还是能够解决一部分问题的。我们从头开始说起。一直以来，国家用来获得金钱的方式有两种：征税和制造货币。一般来讲，征税这种手段更为可取。增加货币的发行会造成通货膨胀，一方面我们无法很好地控制分配的结果（低收入人群与其他人群相比要受到更大的影响），另一方面通货膨胀也会破坏交换和生产的秩序。

在 19 世纪 70 年代，年通货膨胀率达到了 10%~15%，但这并没有阻止经济的停滞和失业率的上升。这段长时间的生产停滞和通货膨胀说服了执政者和民众，中央银行要独立于政治权力而存在，意思是中央银行应该以低通货膨胀率 1% 或 2% 为目标，保证货币供应量缓慢且在正常范围内增加。但是，从来没有人走到提出中央银行私有化这一层次（直到 1936 年，法国银行成为私人股东的所有者）。就像在美国一样，在欧洲，中央银行依然完整地属于国家，这决定了它们的地位，决定了任命的领导人，并且也把它们有可能获得的收益放进口袋。简单来说，国家将中央银行的职责简化为维持低通货膨胀率。大量给国家的借款就像私人领域的大量借款一样，被认为是具有改革意义的。中央银行再也不能企图介入现实经济的运转。

2008—2010 年的世界金融危机粉碎了中央银行从 19 世纪 70 年代的滞胀中得出的这一消极构想。在 2008 年 9 月至 12 月，雷曼兄弟倒闭之后，世界两大中央银行的规模扩大为原来的两倍。美联储和欧洲中央银行借出的全部资产由美国和欧洲国民生产总值的 10% 差不多增长到了 20%。在几个月之内，为了避免接连的倒闭，大约两万亿欧元的全新现金以 0% 的利率被借贷给私人银行，而借贷期限也与日俱增。为什么这次大规模印刷货币的行为没有引起任何附加的通货膨胀呢？可能是因为世界经济当时正处在以通货紧缩为背景的经济萧条当中。中央银行曾做出承诺，会避免信贷全方位的停滞以及物价和经济活动的崩溃。中央银行曾向世界重申了其不可替代的地位。最后，没有人为中央银行的介入付出代价——消费者没有，纳税人也没有。

没有人因此付出代价，除了与此同时产生的逐渐累积的国家赤字到了需要偿还的时候。这些亏损不是由借钱给银行造成的（和中央银行给出的那些钱相比，这些钱根本算不上什么），而是由于经济衰退造成了税收收入减少。为了减轻负担，以前是美联储，现在是欧洲中央银行，开始重新购买公共债券，也就是直接借钱给国家。

但这一不太被人们接受的变化进展得有些过于缓慢。很明显，在几十年的对公共权力的中伤和诽谤之后，我们发现通过印刷钞票来拯救银行比拯救国家来得更为自然。然而，在这两种情况下，通货膨胀的危险都很小，并且能够控制。欧洲中央银行可以从自己的账户中以低利率取出公共债务，这些公共债务是由经济衰退产生的，大约占20个百分比的国民生产总值，同时若通货膨胀率超过5%，欧洲中央银行将保证利率会被提高。

2010年6月15日

需要害怕美联储吗?

引起许多幻想和混乱的美联储上个星期发布了一个新的行动计划。首先，毫无疑问，在超级共和主义领域，联邦政府永远的反对者、茶党的拥护者曾经要求取消美联储，并且呼吁回归金本位。更让人惊讶的是，通常情况下，在一些消息更为灵通的欧洲观察家身上，我们发现了一种近乎审慎的担心情绪。根据极端的言论，金本位制的回归可能会造成世界性的失衡。在这个周末的《世界报》上，皮埃尔·安东尼·德洛姆甚至开始质疑美联储主席本·伯南克的精神健康状况。好家伙！让我们试着再看清楚一些。说得清楚一些就是，今天的世界根本没有受到通货膨胀死灰复燃的影响，目前美国的通货膨胀率和欧洲一样都没有超过1%。美联储公布的债券购买计划的总额是6000亿美元，相当于4310亿欧元，这一金额低于美国国民生产总值的5%。这样看来，认为发行货币可能会引发极大规模通货膨胀的观点是没有任何意义的。发行货币最多会导致几个百分点的通货膨胀率，而事实上这个通货膨胀率可能是件不错的事情。目前真正的问题在于漫长的通货紧缩和经济停滞，而严格的财政紧缩政策加重了这一情况。在这样的背景下，美联储和欧洲中央银行借钱给国家是非常合情合理的，因为这些国家各自的公共财政都受到了经济危机和经济萧条的重创。中央银行的举措使得公共债务的利率得以降低，从而在一定程度上缓解了这些国家的预算危机，这是后面的行动中十分值得借鉴的。这也同样避免了类似于希腊经济危机中的市场投机行为。公共的亏损赤字当然应该得到缩减，但是如果没有银行支持，太过急功近利，则可能会变成纯粹的愚蠢行为。这样只会加重经济萧条，最终彻底违背初衷。

奇怪的是，两年以来，在关于救助作为经济危机始作俑者的私人银行的问题上，所有人都站在了中央银行一边。显然，多年来对于公共权力习惯性的中伤留下了痕迹，并且最后以中央银行并不是作为旁观者而存在的事实告终。在严重的经济危机中，中央银行扮演了最后一根救命稻草的关键角色。这一职责将会在未来发挥更大的作用。

令人欣慰的是，中央银行的关键作用在欧洲已经开始被接受。我们很难对欧洲央行董事会面对通货膨胀不够强硬的态度表示怀疑，它以多数票批准了欧洲央行行长特里谢的决定——继续欧洲央行购买公共债务的政策。对此持反对意见的德意志联邦银行韦伯银行主席受到了严厉的批评。因此，现在不是批判美联储的时候，我们确实需要欧洲中央银行在未来几个月和几年里做出同样的举动。

如果央行拥有一部分解决目前危机的方法，我们不应该因此夸大其权力。无论是中央银行还是其他银行，都不会有任何改变，因为我们处在一个贫穷国家赶超富裕国家的历史时期。也就是说，在这段时期里，欧洲和美国每年的经济增长率为 1% 或 2%，中国、巴西的增长率则为 5% 或 10%。这种情况可能会一直持续到后者超过前者的时候，在这之后可能所有国家的经济增速都会放缓。因此，最好适应这一不可逆转的现实，而不是责怪整个世界。

2010 年 11 月 9 日

数万亿美元

400 亿美元用来为法国银行增加资本，3200 亿美元用来保证其还款能力，17000 亿美元用来解决欧洲层面的问题：谁有更好的主意？在庞大救助计划中奋力追逐的发达国家政府冒了很大的风险。

首先，这一公关策略能否遏制危机并避免大规模萧条还是未知数。金融市场对大数据情有独钟，但是它同样想要具体了解一笔钱能用来做什么、钱的数额多大、在多长时间内和在怎样的情况下可用等。不过从这个角度看，不透明现象占主导地位。事实上，政府的行为与那些被认为最不懂调整的企业一样。所有财务操纵的方法都被调动起来，其中还要特别提到我们的总统。人们将年流通量和库存、新注入资金和单纯银行担保混为一谈，还重复计算同一次交易，而且把所有的都计算在内，越多越好。而我们现在所处的可笑局面是：美国和法国政府仓促决定为并不情愿的银行无偿提供公共资金支持。上个星期借给法国大型机构的 100 亿美元被认为能够恢复信用，不过这一承诺仅仅是口头上的。但是，能够迫使银行将其一部分资金贷给在目前危机中可能还值得挽救的中小型企业的一系列法律和规章制度是存在的。

其次，这一具有欺骗性的数万亿美元的救助策略可能会长期误导民众。在几个月里，该策略解释了国库空虚、小幅度缩减几亿欧元开支容易实现的情况之后，政府似乎做好了为拯救银行业大规模负债的准备。

鉴于我们长期将收入和产量的年流通量与财产库存混为一谈，而后者的数额要比前者大得多，因此这一错误需要被澄清。比如说，在法国，国家年度收入，也就是国内生产总值减去设备磨损为 17 万亿欧元（人均 3 万欧元）；而财产库存则达到了 125 万亿欧元（人均 20 万欧元）。如果要过渡到美国或欧洲水平，这些数据需要变为现在的 6 倍：100 万亿欧元的国家年度收入和 700 万亿欧元的财产库存。

第二个重点是这些收入和财产的 80% 都属于民众，也就是说，企业几乎什么也没有，它们将其创造的主要财富都分配给了员工和股东。这解释了为什么尽管最初由次贷危机引起的约为 1 万亿美元（相当于 1000 万个美国家庭每个家庭贷款 10 万美元）的冲击与家庭持有财富相比规模并不大，却能够严重威胁整个金融体系。法国最大的银行法国巴黎银行公布其拥有 16900 亿美元资产、16500 亿美元负债，也就是 400 亿美元的自有资金。雷曼兄弟投资银行在破产前和世界上所有的银行一样。重点在于银行很脆弱，它可以因为股票贬值了 1 万亿美元就遭受重创。

面对这样的现状，及时介入以避免系统性危机是合理的，但这只有在几种情况下才能得以实现。首先，要确保依靠纳税人得以支撑的银行股东和管理人员为其失误买单，因为最近几次的政府介入通常不是这样的。其次，也是很重要的一点，实行金融监管政策，可以确保人们不再在市场上不计代价地发行有毒股票——就像食品安全机构监管进入市场的新产品那样严格。而这在我们用最隐秘的方式将 10 万亿股票放在避税天堂的情况下是绝对不可能实现的。最终，需要为金融领域会刺激过度冒险行为的不合理收入划定期限。这必定需要通过上调高收入群体累进税的方法来实现，这与法国税务盾牌的政策恰恰相反。该政策旨在预先免除竭尽全力支付账单的高收入群体的税负。如果实行这样的策略，很可能需要做好应对更激烈的社会和政治危机的准备。

2008 年 10 月 28 日

银行利润记录：一个政治事件

作为法国和欧洲第一银行的法国巴黎银行刚刚宣布其2009年盈利800万欧元，这一消息意味着它重新达到了其2007年的水平。一些人已经在欢呼法国人的胜利，毕竟，拥有一家运行良好的银行比拥有一家破产的银行更好。

但是，尝试弄清楚这些盈利从何而来并非无用。10家欧洲最大银行的盈利接近500亿欧元。如果再加上美国最大的10家银行，盈利则达到1000亿欧元。在2009年整个区域不景气的情况下，这样规模的盈利从何而来呢？最显而易见的解释就是，危机期间，各国中央银行以很低的利率借钱给这些银行，使得后者能够继续以很高的利率向其他经济参与者——家庭、企业，尤其是国家——发放贷款。

我们来粗略计算一下，尽管并不准确，但至少可以大概了解涉及的资金数量有多少。2008年9月到12月间，欧洲中央银行和美联储总共新发行了2万亿欧元（约为美国和欧洲国内生产总值的10%）。这笔钱以1%的利率借给银行，期限3~6个月不等，贷款延期至整个2009年（2010年2月，欧洲央行和美联储的财报表现低于2009年年初的水平）。

我们假设这笔借给银行的钱能够带来平均5%的收益，可能通过将5%的资金借贷给其他参与者，也可能偿还本来需要支付5%的利息才能偿还的债务，结果是一样的。盈利可能是800亿欧元（2000年的4%），相当于2009年利润的80%。即使利率差额没有那么大，很大一部分的利润来源也是可以解释的。

这并不意味着中央银行的做法是错误的：新的流动资金可能会避免一连串的破产和向经济萧条的转化，只要政府现在能够强制实行避免灾难重演的严格金融监管政策，能够追究银行的责任，并且能够顺便解决其自身面临的债务。否则，公民们会合理地把这些现象推断为经济学悖论：银行利润和额外收益重回增长，而就业和工资水平令人担忧。另外，现在需要勒紧裤腰带来偿还为控制银行家们造成的金融闹剧而产生的公共债务，而这些银行家又开始在爱尔兰和希腊纳税人身上强加大约6%的利率来大搞投机行为，这次是以牺牲国家的利益为代价的。在爱尔兰纳税人方面，他们在不知情的情况下为填补公共账户向高盛集团支付了3亿欧元。

这是蛊惑人心的把戏吗？不是的，它仅仅是一个对客观事实的陈述：为了缓解民众和银行之间的矛盾，仅仅靠大型演说是不够的。奥巴马很清楚这一点，因此在1月公布了一项有魄力的银行监管计划，但这一计划从政治角度来看不够强硬。在欧洲，尽管不是必须，但欧洲央行仍然需要依赖评级机构来购买公共证券（加速了希腊危机的公告）的事实在目前的情况下没有任何意义。

通过这次危机，欧洲中央银行向欧洲人说明了其实用价值：所有人都清楚放任市场对法郎、德国马克和意大利里拉的投机行为，什么都不会改变。欧洲中央银行能够以真正的欧洲经济政府为依托，在金融市场上实现自主。

美国的公共权力没有这么谨慎：一年以来，在没有考虑市场需求的情况下，美联储发行了3000亿美元用于购买国债。而欧洲也应该了解4%~5%的通货膨胀率是摆脱债务最不可取的做法，否则欧洲民众需要再一次为此买单，并且不能确定他们是否会放任不管。

2010年2月23日

第二部分

为了欧洲的复兴

我们需要设立真正的欧元区财政议会，通过它来投票通过统一的公司税标准和欧元区预算，使得基础设施和大学需要的投资成为现实。以前往往是谈判到了凌晨4点，首脑们宣布欧洲得救了，然后在接下来的时间里，大家才发现原来连他们自己都没有搞清楚到底做了什么样的决策。

为了建立欧洲的硬核

《世界报》

难民、债务、失业，欧洲的危机似乎远远看不到尽头。对于越来越多的人来说，唯一能够找到的答案就是恢复国家治理的方案：脱离欧洲，回到民族国家的老路上，一切就会变好。面对这种纯属虚构但很清晰的承诺，代表进步一方的态度却含糊其词：形势虽然不那么美好，但应该坚持下去，等待形势好转，而且无论如何不能改变欧洲的现有规则。这种致命的策略已经不能再继续下去了。欧元区的主要国家必须迅速主动出击，倡导建立欧洲的硬核，勇于做出决断，重振欧洲经济。

首先应当断绝那种认为公众舆论一定会反对修改欧盟条约的念头。既然公众舆论不喜欢当前的欧洲，那就什么都不做好了！这种逻辑非常荒唐，而且错上加错。让我们说得详细一点。把 28 个国家为建立欧盟所签署的所有条约重新讨论一遍，特别是 2007 年的《里斯本条约》，这种想法当然不成熟，因为英国和波兰（暂且只提这两个国家）有着和法国不一样的优先考虑，但这并不意味着只能消极等待。我们完全可以在保留现有条约的基础上，在有意向的欧元区国家之间先达成一个新的政府间条约。

2011—2012年发生的事情就是最好的例证。当时的欧元区成员国在数月内经过协商达成了两项政府间条约，对欧元区各国的财政政策产生了重要影响：一项是融资规模达到7000亿欧元的《欧洲稳定机制》（ESM），另一项是设立成员国财政纪律和自动惩罚机制的《经济货币联盟稳定、协调与治理条约》（TSCG）。

问题在于，这两项条约只是加重了欧洲经济的衰退和技术官僚的错误选择。根据《欧洲稳定机制》，要求得到稳定机制援助的国家必须与著名的“三驾马车”（欧盟委员会、欧洲中央银行和国际货币基金组织）机构代表签署谅解备忘录。就这样通过寥寥数行字，整个国家医疗、退休金、税收等各方面改革的监督大权就落到了一小撮人的手中，而这一过程却毫无任何透明度可言，缺乏民主监督。那些来自欧盟委员会、欧洲中央银行和国际货币基金组织的技术官僚也是时而聪明，时而糊涂。

至于《经济货币联盟稳定、协调与治理条约》，其中规定结构性赤字最多不能超过国内生产总值的0.5%，这一目标完全不现实。要知道，这里指的是次级结构赤字（也就是扣除债务利息后的财政赤字）。一旦利率上升，就意味着在金融危机后积累了大量债务的国家，也就是几乎所有欧元区成员国必须保证留出巨额初级财政盈余——大约占国内生产总值的3%~4%，而这还要持续几十年的时间。我们都忘记了一个历史事实，早在20世纪50年代，欧洲统一建设的起步就是建立在撤销过往债务的基础上，德国更是从中受益匪浅。而正是这些政治决策，才使得各国把未来的希望寄托在增长和下一代人的身上。

补充一点，《欧洲稳定机制》和《经济货币联盟稳定、协调与治理条约》所构建的宏伟蓝图是由欧元区的财政部长理事会规划形成的。按照以往的惯例，该理事会在闭门会议后向大家宣布了欧洲得到拯救的消息。但人们却发现，没有一位部长能说清楚到底理事会做出了什么样的决定。这就是21世纪的欧洲民主取得的巨大成就！

解决的办法就在于，要让这两项条约回到正轨，在欧元区建立真正的民主制度，使各国能够在公开辩论之后做出清晰的决策。最佳方案就是设立欧元区议会，通过它来投票通过统一的公司税标准和欧元区预算，使基础设施和大学需要的投资成为现实。

这一欧洲硬核将向所有国家开放，但没人能阻挡那些希望走得更快的人。具体而言，如果法国、德国、意大利和西班牙这4个人口和国内生产总值加起来超过欧盟总量75%的国家能够达成一致，那么这一新的政府间条约就有希望成为现实。

在初始阶段，德国可能会担心在这个欧元区议会中成为少数派。但它不会公然反对民主制度，除非它愿意冒险看到反对欧元的势力不断壮大。特别是，这一新的制度也是一种新的平衡方案：一方面，取消债务的通道被打开；另一方面，那些想要从中受益的国家，比如希腊，就必须在将来服从多数决策的原则。妥协的方案近在眼前，只要大家能把保守主义和国家的私利搁置在一边。

2016年5月14日

为了欧洲的开放

《解放报》

尽管最近几周出现的支持难民的声音来得有些迟，但它至少让欧洲人和世界看到了一个根本的现实：欧洲大陆可以也应该成为 21 世纪最大的移民接收地。一切都在朝着这个方向发展：一方面，是导致欧洲自我毁灭的老龄化问题所迫；另一方面，欧洲社会模式也提供了有利条件，非洲出现的人口爆炸和气候变暖也会越来越要求欧洲这么做。这一切大家都很清楚。但有大家可能不是那么清楚的一个地方，就是金融危机前的欧洲其实已经是世界上对移民潮最开放的地区。正是 2007—2008 年在美国爆发的金融危机，加上欧洲由于错误的政策始终无法摆脱其影响，才导致各国失业率上升，排外现象凸显，以致各国突然关闭边界。如果没有发生这一切，从国际形势来看，“阿拉伯之春”和难民潮也只会让欧洲朝着更大程度开放的方向发展。

回过头来看，2015 年的欧盟人口接近 5.1 亿，而 1995 年时大约是

4.85 亿（按同样的国家数量计算）。在 20 年间增加的这 2500 万人本身没有什么特殊之处，也就是将近每年 0.2% 的增长率，而同期的世界人口增长率为 1.2%。但重要之处在于这一增长中有 3/4，也就是超过 1500 万人来自移民。其中，2000—2010 年欧盟每年大约接收 100 万移民（减去离开欧盟的人数），这与美国同期观察到的数字相当。但欧洲移民的文化和地理来源更加多样，相比之下，美国的穆斯林移民却很少。在距今不算遥远的这段时间里，欧洲大陆对移民相对更欢迎，失业率却出现了下降，至少在 2007—2008 年以前是这样。矛盾的是，美国凭借务实的做法和灵活的财政货币政策，很快就从自己引发的危机中恢复过来，并很快走上了增长复苏的道路。2015 年，美国国内生产总值比 2007 年还高 10%，移民的增加每年都维持在 100 万人左右。可是欧洲却从此陷入意见分歧和束手无策的境地，经济和生产始终未能恢复到危机前的水平，导致失业不断攀升和边界关闭。移民净流入从 2000—2010 年的每年 100 万人突然下降到 2010—2015 年的每年不足 40 万人。

怎么办？难民的惨剧对欧洲人也许是一次机会，能让他们结束喋喋不休的争吵和以自我为中心的想法。在保持向世界开放的同时，通过重振经济和投资（住房、教育和基础设施），通过削弱紧缩的风险，欧盟可以完美地回到危机前的移民水平。因此，对于那些担心欧洲已经老朽发霉的人来说，德国表现出的开放态度不啻是个绝佳的消息。当然，有人也许会说德国是在做没有选择的选择，因为它的人口出生率太低。根据联合国最新的人口预测，在未来的几十年中，德国的移民人口将达到法国的两倍，总人口将从现在的 8100 万下降到 21 世纪末的 6300 万，而同期法国的人口将从 6400 万上升到 7600 万。

还应该强调一点，德国出现的经济增长部分原因在于巨大的贸易盈余，而从本质来说这是不可能推广普及的，因为地球上没有哪个国家能吸收得了这么多的出口。但这么高的经济增长还应该归功于德国高效的工业模式。它主要建立在员工和员工代表高度参与企业管理的基础上（占董事会席位的一半），法国应该从中得到一些启发。

特别是德国表现出向世界开放的态度，也向加入欧盟的前东欧集团国家传递了一个强烈的信号，因为这些国家的人既不想生孩子又不愿意接受移民。而根据联合国的报告，这些国家的人口总数将从现在的 9500 万骤减到 21 世纪末的 5500 万。法国应该为德国的这种态度感到高兴，并抓住机会在欧洲倡导一种面向难民、移民和整个世界的更加开放、积极的视角。

2015 年 9 月 7 日

重新思考欧洲计划，快！

开门见山，多灾多难的萨科齐—默克尔执政组合正要宣布他们建设欧洲的计划。峰会期间，他们每个月都会表示这是最后一次机会，也是长远的解决办法，而几个星期之后，他们的谎言就被事实击破了。10月27日，法国向中国和巴西借款以渡过危机……这一带有悲壮色彩的求助可能到达了萨科齐5年任期里经济无能和政治软弱的顶峰，原因很简单：作为世界上最富有的经济区域之一，向比我们贫穷的国家借款是没有任何意义的……

事实上，欧盟的国内生产总值超过了12万亿欧元（其中欧元区为9万亿欧元），而中国的国内生产总值为4万亿欧元，巴西为1.5万亿欧元。而且，欧盟居民拥有的财产总量超过了50万亿欧元（其中有超过25万亿的股票资产），是中国储备金的20倍（即2.5万亿欧元），是欧洲主权风险总额的5倍（即10万欧元）。对于我们自身的公共财政问题，我们完全有能力解决，但条件是欧洲不再是政治侏儒和税收漏斗。

还有更为严重的。目前，欧洲的负债少于美国、英国和日本，但是我们正面临着债务危机。法国需要按照大约4%的利率支付利息，之后的几个月中可能是5%或6%，而上述三个国家的贷款利率只有2%。为什么呢？因为只有我们的中央银行没有政治和经济权威，以致它不能在关键时刻发挥借贷者和缓和市场的角色。法国的负债额低于英国，却要付出比英国高得多的利息……欧洲应该站出来保护我们，而不是削弱我们、加剧我们的预算问题！

那么，怎么办？需要紧急订立新条约，从而使愿意的国家共同分担公共债务，相应地，它们的预算决策需要服从有力且合理的同盟政治权威。那么，这一同盟政治权威应该是怎样的呢？这是问题的关键，应该抓紧展开讨论。

能够确定的是，需要摆脱跨政府的思维方式以及国家元首间小型秘密会谈的方式。与我们在《罗马条约》讨论过程中曾努力使人相信的相反，国家元首理事会永远不会成为欧洲的上议院。将预算权利赋予欧洲司法院法官们的做法可能不会有更大的意义。将这一权利赋予欧洲议会是个不错的选择（这是目前唯一一个民主的欧洲机构），因为，一方面，欧洲议会750个议员没有承担任何金融方面的职责；另一方面，这些议员来自欧盟27个国家，而不仅仅是欧元区国家。

越来越多被提及的一个解决办法是建立一个由各国国家议会财政委员会和社会事务委员会成员组成的新的议院——“欧洲上议院”。它将会对欧洲债务机构享有最高权力，并且负责确定每年允许的借款数额。这一机构不仅比欧洲议会的组织形式更为紧实，还能够确保其做出的决策在相关国家有足够的政治影响力。

这可能是合适的解决办法。在这种情况下，需要尽快出台详细计划，包括具体成员、成员数量和任命，以及投票流程等。无论怎样，最重要的是找到能够使有意愿的国家尽快运作起来的方法，同时使那些随后可能有意愿共同分担欧洲债务的国家逐步加入这一组织。

同时，不要认为德国将会是整个进程中的障碍。事实上，德国已经意识到其面对全球化资本主义的无能为力，在关于建立必要同盟问题的思考方面，它比法国要有先见之明。“聪明的”德国人（为总理担任顾问的经济学家团体在其改革倾向方面并不出名）在 11 月 9 日提议，超过国内生产总值 60% 的所有债务由欧洲公共承担。当然，德国的债务被包括在内，德国基督教民主联盟于 11 月 14 日采纳了关于欧洲联盟委员会主席由普选选举产生的决议（这明显是对法国总统的蔑视）。在目前正在进行的协商过程中，所有迹象都表明萨科齐在跨政府逻辑问题上停滞不前，并且拒绝放弃一丁点儿手中的权力。希望面对现在严峻的局势，他最终会做出正确的决定。

2011 年 11 月 22 日

联邦主义是欧洲的唯一出路

《解放报》

眼下欧洲政治谈判还在进行，它会带来什么样的结果？法国或许可以把欧元债券失败的责任轻松地推给德国，但它自己也提不出什么好的明确方案。

表面看来，事实非常清楚：法国建议实施欧元区债务共担，让所有成员国能共享低利率的好处，摆脱市场投机行为的困扰。这似乎是从长远角度解决欧元区问题的唯一方案，因为从各国放弃通过本币贬值来应对外来冲击之日起，保证联盟层面的金融稳定就应该刻不容缓，否则分分钟都有可能出现欧元体系崩塌的危险。可是问题的痛处就在于，法国并不愿意承担这一建议的政治后果。如果欧元区决定建立债务联盟，各成员国就不可能再自行决定希望发行的共同债务规模。债务共担意味着欧洲向政治联盟和联邦主义又迈出了一大步。在这方面德国比法国走得更远。我们从德国基督教民主联盟提出的欧盟总统普选方案就看得出来，德国中央银行行长也在最近一次采访中轻松调侃法国提出的欧元债券想法。可在法国的总统竞选中竟然压根儿没人提欧洲联邦制和主权转移这回事，现任领导人也一直对此置若罔闻。

眼下已到了火烧眉毛的节骨眼儿，解决的办法也不是没有。要想让欧洲实现真正的民主，就必须在欧洲议会范围内对共同债务开展公开辩论，然后做出决策，首脑之间的密谈不可能长久替代正常的国家治理。可是欧洲议会想发挥这个作用也并非易事，一方面因为欧洲议会里还包含欧元区以外的国家，另一方面因为成员国的议会也掌握着预算决策权。一个可行的解决办法是设立欧元区的财政议院，议员来自德、法等希望步子迈得更大的国家，按照人口比例从各国财政和社会事务委员会中选出。同时任命一位欧元区财政部长掌管国库，对财政议院负责，形成欧盟联邦政府的雏形。与多数人的看法不同，这样的创新设计并非空中楼阁。同意该方案的国家可以先达成一个完美的协议，将以上规则落到实处，同时给其他希望加入的国家留下日后加入的活口。欧盟各国刚刚花了几个月时间来达成一项解决不了任何问题的协议，为什么不能再多花几个月时间去完成另一项附加协议，一劳永逸地解决问题呢？

法国政府已经同意放手让欧洲理事会主席去筹备 6 月 28 日的欧洲峰会，它当然希望欧盟机构能回到权力的中心，这一点很值得称道。但如果法国不说清楚自己打算在欧元债券和政治联盟方面走多远，加上一些不算宏大但相对清晰的计划已经摆上案头，失败的风险就依然存在。提案中最详细的当属去年 12 月德国政府经济顾问委员会提出的“债券赎回”方案，具体做法是设立欧元区赎回基金，共同承担各国超过国内生产总值 60% 以上的债务。目前从总量来看，意大利可能率先上榜，其次是德国、法国和西班牙。赎回债券所需的资金将来自成员国税收，按照共同承担的债务比例分配。等这些债务到期时，基金采用共同担保的办法借款，避免各国在市场上单打独斗。这个方案最初曾经遭到默克尔的反对，后来又被德国社会民主党和绿党重新提出，而且越来越受到德国基督教民主联盟的欢迎。有人认为，这项设计完全是临时安排的措施，存在很大局限性：60% 的门槛加上延期付款，就会让捉襟见肘的意大利几年之内不得不再次回到市场上借钱，而且这项建议也未涉及政治联盟的问题。考虑到基金的决策可能对各国预算产生重要影响，不得不说还存在很大的争议性。

德国的建议当然有积极的一面，法国也可以从中受到启发，提出自己的方案。但如果欧盟始终拒绝欧元债券和联邦制的选项，那就是在玩儿火。

2012 年 6 月 4 日

什么样的联邦制？目的何在？

《解放报》

在上周五的布鲁塞尔峰会上，欧盟领导人把重要议题都推到了日后解决，但这么做也帮不了太大的忙。被认为取得重大进展的欧洲银行业联盟未来依然是雾里看花，欧元债券的问题甚至都没人提。理由很简单：法国方面没有关于财政和政治联盟的明确建议，形成不了具体的欧元债券。从欧元区爆发债务危机至今已经过去了三年，领导人还在向人们灌输打打补丁、开几次峰会就能解决问题的想法，结果往往是开个语焉不详的新闻发布会，喊两声打气的口号，最后草草收场了事。

可是根本问题还是丝毫没有触及：欧洲的联邦制到底应该采取什么样的方式才算独特而可行？现在大家都感觉到欧元区目前的架构已经难以为继，但联邦制的跨越又让人感到害怕，部分理由听起来还很充分，因此有必要马上就此展开一场大讨论，打消公众的疑虑。法国经济学家布鲁诺·阿马布勒（Bruno Amable）在6月18日发表了一篇专栏文章，指出联邦制的跨越很可能会成为社保领域的“死亡之跃”。布鲁诺的分析很详细，也很唬人。他认为，欧洲国家的社会保障体系是各国特定条件下妥协的产物，是在民族国家背景下逐渐形成的共同价值观的体现，具有脆弱的一面。一旦置于联邦大国的背景下，其操作性将备受质疑，因为到时候种族或民族的冲突会超越阶层之间的冲突。具体来说，美利坚合众国之所以没有建立福利国家的制度，原因就在于有人不愿意为黑人群体买单，而欧洲合众国的福利制度也有可能解体，因为也有人不愿意为希腊人买单。

我认为，这一逻辑的痛点在于，欧洲的联邦制其实没有强制各国统一一切，共享一切。它的规则应该很简单，就是把各国无法单独解决的事情放在一起解决，既不能过多，也不能过少，要恰到好处。把不同国家的退休制度合并起来不仅于事无补，而且容易产生负面效果。比如法国就在这方面遇到了各种难题：规则难以修改，不同制度难以协调，退休权利和在职培训也无法接轨。这些问题一旦转移到更高层面只会更复杂，争论的声音也会更加不绝于耳。还有普摊税与所得税的合并，学校一周上4天课的安排，都面临着同样的问题。从根本上来说，这些争论和权限都应该保留在国家的层面。但在有些领域，比如金融市场的规范和避税天堂的问题，各国单打独斗很难有所作为，显然只有从欧盟层面干预才能发挥最佳效果。放在世界经济的层面上看，法德两国的经济总量比希腊或爱尔兰也大不了多少。如果欧盟各国继续保持这种单兵作战的格局，最终必然受制于投机者和逃税者势力的掣肘。这当然不是保护欧洲社会模式最好的办法。

因此，欧元区国家的当务之急是尽快合并公共债务，防止市场利率继续不规则波动，另外还要统一公司利得税，防止跨国公司大规模逃税。只有这两个工具需要成员国共同制定，并置于联盟的政治机构权力下。具体来说，设立欧元区的财政议院后，由对它负责的欧元区财政部长就每年要发行的共同债务规模提出建议，然后经过公开民主的辩论，以多数表决方式做出决议。但每个国家对税收和预算开支的整体水平以及分配方案依然保留自由裁量权。具体而言，如果欧元区的财政赤字定为国内生产总值的3%，各成员国依然可以把开支和税收分别定为50%和47%，或者分别定为40%和37%。新体系的落实需要那些希望走得更远的国家之间签订新的条约，但只要有强烈的政治意愿，特别是在法国这边，财政联盟就不是遥不可及的幻想。但愿在未来几个月内，关于欧洲实施联邦制的讨论能够取得成果。

2012年7月2日

改变欧洲，从现在做起

《世界报》

法国极右派的选票在几年的时间里就从15%上升到了30%，在好几个大区比例甚至高达40%。促成这种结果的原因有很多：居高不下的失业和排外现象，对左派执政的极度失望，感觉所有办法都试过，应该换点儿新鲜花样。2008年一场金融危机本来是在美国开始爆发，由于我们自己的失误，加上完全不适应新形势下的政治制度，这场危机最终演变成为一场旷日持久的欧洲危机，而灾难性的危机管理所带来的后果也要我们自己来承担。一边是单一货币，另一边是19种不同的公债、利率和公司所得税（算上新加入欧元区的立陶宛），但又缺乏共同的社会保障和教育基础，硬把它们凑在一起注定要失败。

只有围绕那些打算继续向前推进的少数核心国家，实施合理的政治制度，在欧元区推行服务于增长和就业的民主和社会保障制度改革，才能抵挡得住眼下威胁整个欧洲、充满仇恨的排外民族主义。今年夏天，就在希腊债务解决方案遭遇彻底失败后，奥朗德总统又开始盘算着重提欧元区设立新议会的想法。法国现在应该向主要的合作伙伴提出详细改革方案，力求尽快达成妥协。否则，欧洲就会有大量国家效仿英国和波兰，选择退出一体化的道路。

最重要的是欧洲领导人，特别是法国和德国的领导人，应该承认他们犯下的错误。大家可以围绕欧元区不同国家实施的各种大大小小的改革争论个没完没了：商店周末开门、公交线路选择、劳动力市场、退休金改革等。有些改革有用，有些改革还有些不太合理。但不管怎样，这些都不是2011—2013年欧元区经济增长突然下挫而美国经济却持续复苏的原因。现在已经确定无疑的是，2011—2013年过快的减赤和过高的增税方案，才是导致法国经济复苏势头被压制的主要原因。正是盲目实施预算规则才导致欧元区的国内生产总值始终不能恢复到2007年的水平。欧洲央行迟到的干预和2012年通过的新预算条约，再加上高达7000亿欧元的《欧洲稳定机制》出台后，债务共担的设想又向前迈进了一步，一处火情终于被扑灭，但根本问题还是没有解决。增长复苏的希望依然微弱，信任危机依然在欧元区内弥漫。

现在该怎么办？必须召开欧元区国家债务问题的专题会议，就像“二战”刚结束时那样（德国尤其从中受益）。必须从总量上减轻债务负担，以危机以来出现债务增长的情况为基础制定分配制度。首先，可以把超过国内生产总值60%的各国债务都放入一个共同基金内，只要某个国家的增长没有恢复到2007年以上的水平就可以延期偿付。所有的历史经验都表明：超过一定标准后，还让一个国家在数十年内一直偿债没有任何意义。最好是明确减轻债务，让它有能力投资于增长，即使从债权人的角度考虑这样做也有好处。

要推动这样的改革进程就需要建立新的民主治理模式，从而避免之前的灾难再次重演。具体来说，牵扯到纳税人和各国预算的问题必须通过设立欧元区议会来解决，这个议会应该按照各国人口、政党比例，由来自成员国的议员组成，处理与欧元区直接相关的财政决策事项，首先是欧洲稳定机制、赤字水平控制和债务重组等问题。

还可以把设立统一公司所得税的问题交给欧元区议会来投票。如果不统一公司所得税，税收倾销和“卢森堡泄密案”之类的丑闻就还会不断上演。有了欧元区议会，还可以制定基础设施和大学的投资方案，特别是能让伊拉斯谟项目获得更多的资金。[①] 欧洲有各种优势向世界展现最好的社会模式，不能再错失良机了！

未来，公共财政赤字的选择同样应该在这一新的框架下决定。有些德国人可能担心在新的议会中他们会占少数，希望保留实施自动财政标准的逻辑。但这实际上是在用僵化的规则绕开民主制度，这种僵化的规则已经把我们逼到了悬崖边上，现在务必和这种逻辑一刀两断。如果法国、意大利和西班牙（加起来占欧元区大约一半的人口和国内生产总值，德国则超过 1/4 多一点）能够提出详细的方案，一定能达成妥协。如果德国一意孤行——当然这种可能性不大——那么反对欧元的声浪就会变得难以抵挡。B 计划，即极右派的计划，也是极左派越来越有可能拿起的武器。在走到这一步之前，我们还是先给 A 计划一个真正的机会吧。

2015 年 12 月 22 日

---

① Voir « La double peine des classes populaires ».

换个思路，让欧洲走出危机

《解放报》

金融危机爆发至今已经过去了5年，美国经济已经开始恢复增长，日本也处在相同的情况下，只有欧洲看来持久地陷入了增长停滞和信心缺失的困境：不仅经济活动始终未能恢复到2007年的增长水平，债务危机也似乎找不到解决办法。可是相比其他发达国家，欧洲的公共债务水平其实并不算高。

矛盾的地方还不仅于此。欧洲的社会模式是全世界最好的，欧洲人也有各种理由团结起来捍卫它、改善它、推广它。欧洲人掌握的财产总量（包括不动产和金融资产，并扣除所有负债）是全世界最高的，远高于美国和日本，也远远超过中国。与人们常见的想法相反，欧洲人在世界其他地区掌握的财富要明显高于其他地区在欧洲掌握的财富。

那为什么拥有各种社会、经济和金融优势的欧洲大陆就是摆脱不了眼下的危机呢？原因就在于我们始终在一些细节问题上纠缠不清，立场分化，而且还乐得成为一个政治侏儒和税收漏斗。现在掌控欧洲的，一是法德这样相互之间激烈竞争的小国家，从全球经济的范围来看它们确实很快会变得很渺小，二是已经不能适应当前形势而且运行不畅的共同体机构。在经历柏林墙倒塌和德国统一的冲击后，欧洲领导人在几个月内就做出了设立统一货币的决定。20世纪30年代以来最严重的经济危机爆发至今已经过去了5年，人们还在期待着像罗斯福一样有魄力的人物出现。不过摆在面前的挑战却是清清楚楚。单一货币，加上17种不同的公共债务，再加上一心只想吸走邻国财富的27套财政政策，这一切根本行不通。可是要想统一各国的公共债务，建立财政税收联盟，就需要对欧洲的政治框架来一场彻底的改造。

问题的核心在于由成员国首脑组成的欧洲理事会和欧盟部长理事会（包括财政部长、欧元集团等）。人们总是幻想理事会制度可以代替欧盟主权国家的议会，就像一个代表成员国的议院一样发挥作用，再加上另外一个代表各国公民的欧洲议会。这种想法实际上是自欺欺人，根本不可能实现。原因很简单，理事会这种一个国家一个代表的组织方式不可能保证议会民主的公正、透明和辩论特征。设计这种制度的必然结果就是各国之间互相争夺利益，导致集体行动走向失败。它是个人能力无法掌控的，不管是“默朗德”还是“默科齐”组合都解决不了问题。理事会制度对于制定总体规则和协商修改条约还是管用的，但要保证真正的财税联盟日常运行，要在主权框架下投票决定公共赤字水平，根据经济增长状况做出调整（从债务共担的那一刻起，就不可能再让各国关起门来自行决定赤字水平了），并以民主方式决定共同税基和税率（首先是现在跨国公司大规模偷逃的公司所得税），我们就需要设立真正的欧元区财政议会。最合理的办法是在各国议会的基础上设立这样一个专门的议会，比如，可以召集德国、法国等成员国财经委员会的议员，用一周的时间开会，就共同议题讨论决策。这样各国就可以有30~40名成员而不是只有一人参与表决。投票结果不是国家之间博弈的结果，因为法国社会党也可能和德国社会民主党合作，或者法国人民运动联盟可能和德国基督教民主联盟合作。特别是这些辩论将以公开辩论的形式展开，最终决策也将是清楚明确的多数表决结果。这样就摆脱了原来理事会制度下各国元首私下协商后并一致通过的做法。以前往往是谈判到了凌晨4点，首脑们宣布欧洲得救了，然后在接下来的时间里，大家才发现原来连他们自己都没有搞清楚到底做了什么样的决策。最不负责任的做法大概就是欧元集团和“三驾马车”关于塞浦路斯做出的一致决议，因为根本就没人打算以后会公开承担责任。

问题在于，现在执政的各国政府似乎都很青睐眼下的这套制度。从德国的自由派到法国的社会党都同意让欧洲的政治权力保留在欧洲理事会的层面。为什么大家会这么谨小慎微？官方的解释是法国人不想接受联邦主义框架，认为如果继续修改条约无异于走向自杀。这个逻辑非常奇怪，从20多年前大家决定一起分享货币主权，并在确定公债和赤字的规则问题上锱铢必较（比如，2012年通过的新条约就规定了过度赤字0.5%的门槛和自动罚款原则），欧元区实际上就已经是在联邦制度下运行。接下来的问题其实很简单：各国是想在技术官僚管理下的联邦制道路上继续前进，还是已经下决心准备奔向民主的联邦制？

2013年6月17日

欧洲和市场

欧洲国家持续进行了一系列严密的计划，也出现了更多极端的手段，比如，从著名的1935年“拉瓦尔法令”出台之后就已经被人们遗忘的降低公务员工资的做法。而且我们在学校时就已经知道，这样的手段总是以失败告终。最有可能出现的结果是，经济衰退会变得更加严重，亏损会变得比进程最初还要多。

我们怎么会落得如此荒谬的境地呢？究竟要怎么做才能走出困境？首要的一点应是，欧洲公共权力的体制要能够和金融市场的武器抗衡。若是这需要从欧洲议会开始，并且通过欧洲机构对国家金融法项目施行的审核来实现，那么，好，让我们开始吧。

这种继续放任市场的做法是没有任何意义的，它们甚至不知道给自己创造的金融产品定价，是在27个成员国家持有的公共债券上进行投机。在创造欧元的时候，它们以为它们所能操控的余地缩小了。

事实上，如果市场能够玩转法郎、马克和里拉的汇率，那么今天的处境会变得更为艰难。

但是现在应该进行到下一步了：发行一项真正的欧洲公债。欧盟就这样从腰包里掏出了由 2008—2010 年经济危机产生的负债的剩余部分，相当于一些国家国民生产总值的 20%~30%。这使每个成员国都能够持续地整理它们的公共财政问题，以更好地起步。

我们逐渐接近这个解决办法，趁着它还很简单。看起来欧洲的领导人终于准备好不再死抠法律条文，在条文的阐释中体现出了柔韧性，而这事实上允许了在特殊情况面前可以采用的一切措施。但这样进行得太慢。我们对 5 月 10 日宣布的 7500 亿欧元的计划高兴得太早了。事实上，这个数字仅比欧洲国民生产总值的 5% 多一些。重点是，这是一个极其模糊的承诺。唯一比较明确的一部分金额是委员会有权利以欧盟的名义直接借出 500 亿欧元，剩下的只是一些针对国家间双边借款的。有可能这是受到国际货币基金组织认可的模糊的承诺，然而我们并不需要这些，因为不是通过这些烦琐的手段就能够缓和投机行为的。

同时也应该明确拨款的问题。假设欧盟从自己的账户里拿出 20 个百分点的国民生产总值作为国家公债，那么用来偿还这些债款的钱来自哪里呢？每个国家都从它们的国民生产总值中拿出一部分来给欧洲的预算做贡献，我们完全有理由相信这是一种恶性循环，其实这什么都解决不了。与其提高国家税收，不如建立一项欧洲税收（比如一项加之于欧洲公司收益的 10% 的税率就已经绰绰有余了），这就已经迈出了一大步。尤其是一项欧洲公债可以使借款的利率有所降低。更何况欧洲中央银行已经开始接受国家公债，除了通过以低利率购买欧洲债款来支持这项行为，就没有其他选择了。这跟美国联邦储备系统从2009年年初开始的做法是完全一样的：以零利率购买几十亿美元的国库券，这使得美国比欧洲更快地走出了经济衰退。在现今的情况下，除了将一部分公共债款转化成货币之外，并不存在任何其他解决办法。

与根深蒂固的观点相反，货币制造并不会演变成一次大规模的通货膨胀——当我们已经处在崩溃边缘，尤其应该避免陷入通货紧缩的旋涡中。2008年9月至12月，欧洲中央银行和联邦储备系统制造了2万亿欧元的新币（欧洲和美国国民生产总值的10%），以零利率借给了私人银行。这一举措避免了这些银行接连的倒闭，且没有增加更多的通货膨胀。如今应该采取同样的行动来拯救这些国家。这个解决办法一定是可以实现的，只是还需要一些时间。

2010年5月18日

经济增长救得了欧洲吗?

《解放报》

能指望经济增长的回归来解决我们所有的问题吗？诚然，1% 的生产和国民收入的增长总是好过停滞，但我们也应当意识到，这并不能解决发达国家目前面临的核心挑战。

产出的增加通常基于两个因素：一是人口的增长，二是人均产量的增长，也就是生产力的增长。在过去的 300 年间，全球各国的产出平均每年增加 1.6%，其中 0.8% 归功于人口的增长，0.8% 归功于人均产量的增加。这个数字看起来好像微不足道，但如果考虑到这是一种持久的增长，应该说速度已经很快。实际上，这相当于全球人口在这 300 年间翻了 10 倍以上，从 1700 年左右的 6 亿人口增加到现在的 70 亿。如此高的人口增长速度在未来已不可能持续下去。在欧洲和亚洲多个国家已经出现了人口下降。根据联合国的预测，全球人口在 21 世纪应该会维持在稳定的水平。

从人均产出的角度来看，我们完全可以想象，过去300年来年均0.8%的增长速度完全可以持续。我不认为产出会持续递减。技术创新还会继续下去，从而带来非物质和无污染的无限增长，当然条件是发明出干净的能源，到目前为止这还没有实现。不管怎样，重点在于即使增长持续，也不大可能超过年均1%~1.5%的速度。欧洲在“二战”后“辉煌三十年”时期创造的4%或5%的增长率，还有中国现在更高的增长率，实际上都是相对于其他国家的赶超，完全属于转型期的现象。一旦跨越全球的技术边界，任何国家都不能将经济增长长期保持在年均1%~1.5%以上的水平。

在这种情况下，21世纪的各国经济增长率将不可避免地显著低于资本收益率（资本收益率就是指资产每年带来的收益占原始资本价值的百分比，包括租金、红利、利息、利润、增值等各种形式的收入）。资本收益率一般为每年4%~5%（例如，价值10万欧元的公寓每年出租的价格为4000欧元，则收益率为4%），如果是股票和其他收益更高、配置更好的资产，甚至可以达到7%~8%。

可是这种资本收益（r）和产出增长（g）之间的差异（表示为$r > g$）赋予了过去积累的资产过高的重要性，结果必然会导致财富的过度集中。过去几十年来已经可以看出这种苗头，美国当然表现得最明显，但欧洲和日本也同样存在这一现象，这些国家的增长下降（尤其是人口增长下降）导致财产相对于收入出现前所未有的大幅增长。

我们有必要搞清楚一点，并没有任何自然规律说明资本收益应当取决于经济增长率。道理非常简单，在人类历史的主要发展阶段，从长期来看经济增长几乎为零，而资本收益率却始终保持在正增长的水平，传统的农耕社会地租收入往往还可以达到4%~5%。从严格的经济学角度来说，这不存在任何逻辑上的问题。相反，按照经济学家的解释，资本市场越是趋于完全竞争，资本收益和产出增长之间的差异（$r > g$）就越大。但这也将导致极端的不平等现象，而且与当代民主社会所倡导的任人唯贤的价值观格格不入。

解决这一问题的良方有很多，从完善的国际合作（比如交换银行信息、对资本征收累进税等），到全面的国内经济政策。通货膨胀可以降低公债水平，但同样会对低资产人群造成冲击，因此不是一个长期的解决办法。中国对资本采取管制，俄罗斯实行寡头权力，美国依赖长期的人口增长，各个国家和地区都有自己的解决方案。欧洲的机会就在于它的社会模式和远高于债务的资产财富。只要能对已经严重失灵的政治制度进行彻底改造，欧洲就有办法解决跨越增长的难题，让民主制度重新降服资本主义。

2013年9月24日

设立欧盟范围的巨富税

《解放报》

通过塞浦路斯的危机，我们可以清楚地看到金融全球化现在面临的最大难题。具体来说，塞浦路斯是一个拥有百万居民的岛国，2004年和2008年先后加入了欧盟和欧元区。该国的银行业由于过度膨胀，总资产和存款总额分别达到了年国内生产总值的8倍和4倍。塞浦路斯的银行存款主要来自本国居民和外国居民，特别是被当地的低税率和低监管等因素吸引来的俄罗斯人。据说这些俄罗斯存款中包含大笔的个人财产，于是人们就展开各种想象，认为其中可能会有些资产高达数千万欧元的金融、实业和政治寡头的身影。还真没准儿这是真的，不过不管是欧盟还是国际货币基金组织，都从来没有发布任何相关的官方统计数据，哪怕是大致接近的数字。也许这些机构自己都不清楚，也从来没有花力气去搞清楚，但这却是个核心问题。如此不透明的管理显然无法平和理性地解决现有的问题。

关键的问题是，塞浦路斯的银行现在没钱了，因为钱都被投资到债券和房地产等资产上，而现在希腊的债券价格一落千丈，不动产在很大程度上也都是泡沫。欧盟当局当然不敢轻易拿出钱来救助落难的银行，因为这不仅可能落得肉包子打狗一场空的下场，还让欧盟担心的是，到最后救助的对象很可能就是俄罗斯的超级富豪们。

经过数月的纠结，著名的“三驾马车”终于想出了一个不能再糟糕的主意，让塞浦路斯对所有银行存款征收几乎相同税率的税：10 万欧元以内征收 6.75%，超过 10 万欧元征收 9.9%。如此低的累进差别让人看得很清楚，对于所有人，不管是普通储户还是俄罗斯的寡头，最后纳的税不会有太大的差别。面对反对的声音，官方现在又说要对低于 10 万欧元的存款免征税，对高于 10 万的存款提高税率。但可能是因为要与银行分别协商，目前一切都还不清楚，但是坏的影响已经产生，欧洲国家的小储户们对政府管理部门的信任已经开始动摇。

按照官方的版本，这种几乎统一的税率是应塞浦路斯总统的要求设立的，因为他希望对小储户征重税以避免大储户的流失。这也许有部分事实，我们永远也不可能知道真相，因为所有的协商都是闭门进行的。但塞浦路斯的危机充分说明了小国在全球化进程中的悲惨结局，它们为了求得自保，给自己留条生路，往往会投入激烈的税收竞争中，以吸引其他国家往往不愿意要的资本。

不过这种托词并不完全站得住脚，统一税的政策是欧元集团一致同意通过的，那么现在各国政府就该公开承担起各自的责任。这场危机说明了在欧元区建立财政议会的必要性，因为只有这样才能让问题暴露在光天化日之下，经过公开辩论，以民主的方式做出决策。

这场危机尤其显示出几个大国的无能。面对金融危机，它们想不出可以有效管控的手段，也想不出既可以让各国公平分担负担和风险，又可以让所有国家接受的方案。对塞浦路斯国民财产征税的问题显然因为税基太窄，只需要把存款转移到证券账户或其他不征税的资产账户上就可以轻易避开，而且实行的又是史上绝无仅有的明显缺乏累进特征的税率。相比之下，2013 年法国的巨富税对 130 万欧元以下的财产不征税，对 130 万 ~260 万欧元征收 0.7%，对 1000 万欧元以上征收 1.5%。从历史上我们还可以找出许许多多这样的例子，都是临时采取对资产征收的累进税。1945 年设立的国民互助税就包括了罕见的双重征税办法：一方面对财产的现值征税，税率从零到最高的 20%；另一方面对 1940—1945 年发生的财产增值部分征税，税率最高可达 100%。要想征收此类财产税，当然需要个人申报制度的配合，查明个人在不同银行掌握的资产情况。现代的科技手段可以减轻工作负担，通过各国之间的信息自动化传输就可以做到，甚至还可以拿到纳税人提前填好的申报单。可就是这样的国际共享信息的巨富税设想却被“三驾马车”拒之门外，特别是充满保守观念和意识形态的国际货币基金组织。这也是它们会产生设立统一税想法的原因，可以挨个银行征收，但非常不公平，也没有效率。塞浦路斯危机的好处就在于，它掀起了一场明明白白的大讨论。

2013 年 3 月 25 日

公民们，投票去！

《解放报》

欧洲议会选举下周日即将展开，如果欧洲选民把马丁·舒尔茨（Martin Schulz）推上欧盟委员会主席的位置，就将改变欧洲的命运。至少这是自豪的社会党候选人发自内心的想法，不过他们大概忘了，法国的社会党早就已经上台掌权，并未给欧洲带来什么变化。那么，周日的选举真的能改变欧洲的命运吗？据说，本次选举与以往的欧洲选举有所不同，更让人期待，而且真有可能带来新的变化。欧洲公民也将有可能第一次通过投票直接影响欧盟委员会主席的人选。如果社会党候选人的票数最终真的排名靠前，那么欧盟各国的首脑就别无他选，只能向欧洲议会推举马丁·舒尔茨为欧盟委员会主席。如果投票结果相反，右派和中右派候选人获得的票数明显超前，那么让－克劳德·容克（Jean-Claude Juncker）将获得提名。舒尔茨是一位坚定、真诚的社会民主党人，他的对手容克是长期执政的卢森堡前任首相，多年来一直在阻挠欧洲设立银行信息自动传输制度，原因在于卢森堡一直是欧洲中心的避税天堂。在这两人之间做出选择其实并非难事，也值得所有人周日前往投票，除非有其他更重要的事情需要处理。

不过，要想改变欧洲，只把票投给舒尔茨还是远远不够的。欧洲对这场危机的管理是灾难性的：2013—2014 年，欧元区的经济增长几乎停滞，而同期美国和英国却出现了明显的经济复苏。为什么当初美国和英国的公共债务水平和欧元区不相上下，到后来法国却把经济危机变成了信任危机，而且欧元区的增长还面临长期陷入停滞的风险？就是因为欧洲国家的共同制度软弱无能。为了恢复欧洲的增长和社会进步，必须对这套制度进行改造。这就是已经被翻译成 6 种欧洲语言的政治联盟宣言传递出的主要信息。其中的核心观点非常简单：单一货币的背后是 18 国不同的公债水平，市场投机者可以针对它们随意交易，而 18 种税收和社会制度之间却处于无序竞争的状态，这就导致欧元区的制度难以为继。既然欧元区国家已经选择了共同分享货币主权，也就是交出了单边货币贬值的防御性武器，那就应该给它们配备新的经济、社会、税收和财政等应对冲击的共同手段，而目前这种两边不靠的情况恰恰是最糟糕的选择。

不管马丁·舒尔茨的愿望有多美好，也不管他在欧洲议会中占据多大的优势，他都要面对强大的欧洲首脑和部长理事会的全面围堵。要想跳出全体一致的决策机制，就必须设立真正的欧元区议会，让每个成员国都可以选出代表不同政治倾向的议员，而不是只让一个人作为代表。否则，欧洲的惯性就会持续下去，到头来或者等美国对瑞士银行做出制裁后，欧洲才能在金融透明度方面有所进步，要么不断降低企业所得税，结果大型跨国公司在哪儿都不用纳税。当下的欧洲制度已经陷入了严重的机能障碍，为了说明这一点，我们还可以列举塞浦路斯糟糕的存款税作为例子。这项 2013 年 3 月由欧元区财长理事会一致通过的决议不仅缺乏透明度，而且在通过后大家才发现谁都没有准备好。如果在更大范围爆发一场新的危机，结果很可能会更糟糕。这项决议一方面强调公众舆论不喜欢当下的欧洲，另一方面又断言不能轻易改变它的运作方式，这种前后矛盾的说法理应受到谴责。欧盟条约一直在修改，将来也不例外。与其坐等默克尔提出新的方案，不如早做准备，主动提出新方案，推动欧洲实现真正的民主。

要改变欧洲，还要全力以赴做好欧美贸易协议的谈判工作。欧盟和美国已经占据全球国内生产总值的一半以上，它们的责任，包括各国民众的期待，不能简单地归结为贸易的自由化。可以借助欧洲议会和成员国议会的力量，在协议中规定社会、环境和税务等方面应当遵守的标准。欧盟和美国的经济体量已经足够大，完全可以在企业和避税天堂方面设定新的规则，包括合并企业所得税的税基，对全球金融资产实施登记制度（至少针对欧盟和美国的资产）。如果按照这个思路走下去，马丁·舒尔茨就可以在欧洲有所作为。所以我们还是可以保留一些幻想，条件是大家要先去投票。

2014 年 5 月 19 日

在欧洲其他国家传播民主革命

《解放报》

希腊激进左翼联盟取得大选胜利后，可能会对欧洲的格局产生重要影响，并最终结束损害欧洲国家和年青一代利益的紧缩政策。西班牙也计划在2015年年底拉开选举的大幕，随着社会民主力量党势力的崛起，相同的一幕也可能在西班牙上演。不过，这场源自南欧的民主革命要想真正成功改变历史的进程，还需要目前执政的法国和意大利中左翼政党也采取建设性的态度，勇于对时局担负起自身的责任。

具体而言，这些政党应该抓住此次机会，大声指出2012年通过的预算条约就是一个失败，并提出新的提案，在欧元区来一场真正的民主改造。在当前的欧洲制度安排下，赤字和税收问题的一致通过规则成了僵化的标准，严重束缚了行动的自由，已经完全不可能成为推动社会进步的政策。因此整天抱怨柏林或布鲁塞尔的做法毫无意义，还是应该自己提出新的规则来。

有必要弄清楚一点：不言而喻，自从接受单一货币后，各国就应当在赤字水平的选择以及经济和社会政策的大方向上保持协调一致。简单来说，这些关于共同命运的选择应该以民主的方式，堂堂正正地通过公开辩论，然后再做出表决，而不是按照机械的规则自动实施惩罚。2011—2012 年以来，这些做法已经造成欧元区国家赤字过快收缩，经济增长也普遍出现衰退。结果，欧元区国家出现失业爆发性增长（美国和欧元区以外的欧洲国家却普遍下降），公共债务持续升高，与之前公布的目标背道而驰。

赤字和公共投资水平的选择是一项政治决策，必须快速适应经济形势。它应当由欧元区的议会按照民主程序做出，这个议会应该按照每个成员国的人口比例确定议员代表的人数，不能多也不能少。如果当初有这样的制度设计，现在就能少一些紧缩政策，多一些增长，同时还能降低失业。采用这种新的民主治理方式后，共同负担占国内生产总值 60% 以上公债的提案（为了建立单一利率，预防未来出现危机）也可以顺利通过，包括制定欧元区统一的企业所得税，这才是结束税收倾销的唯一办法。

不幸的是，现在的风险是法国和意大利政府仅仅把希腊的问题看成孤立事件，同意对希腊债务进行简单重组，而不是从根本上改造欧元区的制度设计。这是为什么？因为当初它们花了很多时间极力向选民鼓吹 2012 年通过的预算条约能起作用，现在当然害怕否定自己。于是它们就解释说改变条约是件很麻烦的事情，仅 2012 年修订条约就花了半年时间。当然不管怎么说，在新规则出台之前采取紧急措施也不是不可以。不过最好还是及早承认错误，而不是等着极右势力带来新的政治冲击后再采取行动。如果法国和意大利现在就向希腊和西班牙伸出援手，提出欧元区真正的民主改革方案，德国最终也必然会接受妥协。正是因为缺少可行的改革方案，让人看不到前景，眼下欧洲各国因为看不到出路才会陷在无休止的争论中。

一切还要取决于现在在野的西班牙社会党人的态度。与希腊的社会党相比，它们受到的挤压较小，民众的信任度更高。不过它们也要接受一个现实，就是如果不与社会民主力量党结盟，要想赢得选举会非常困难。因为根据最新的民意调查结果，社会民主力量党可能会赢得最多的选票。不过这也没有什么关系，政党更迭有时候是必要的，只有这个过程中产生的行动方案才是唯一重要的。

我们千万不能凭想象就认为欧洲央行宣布的新方案将足以解决所有问题。单一货币体系加上 18 种公债和 18 种不同的利率，从根本上来看是不稳定的。欧洲央行试图发挥自己的作用，但如果要拉动通胀水平和欧洲的增长，势必首先拉动财政投入。否则我们就有理由担心，欧洲央行新投入的数十亿新钞会造成新的资产泡沫，而不是拉动消费价格上涨。欧洲今天的优先事项应该是投资于创新和教育。为此，就需要在欧元区建立强化的政治和财政联盟，通过真正民主的议会形式实施多数决策的机制。不能什么都指望中央银行。

2015 年 1 月 26 日

让污染地球的人付出代价

皮凯蒂博客（piketty.blog.lemonde.fr）

很不幸，发生恐怖袭击后，法国和西方国家的领导人极有可能因为把注意力放到别处，所以不能尽最大努力把巴黎气候大会办好。如果这样的话，对我们生活的地球来说就是个悲剧。首先，发达国家面对气候变暖和它们给穷国造成的损失，应该好好掂量一下自己应该承担什么样的历史责任。其次，未来各国在气候和能源问题上都面临着沉重的压力，这对世界和平也构成了威胁。因此，未来我们绝不能任由恐怖分子肆意妄为。

当前争论的焦点在哪里？如果只看各国提出的减排目标，数字确实是有问题的。按照现在的排放标准，地球升温将会高于 3℃，也许还更高，潜在的后果将是灾难性的，特别是对于非洲、南亚和东南亚的某些国家。即使各国达成一致开展大规模减排，海平面和气温的上升给这些国家造成的损失也是板上钉钉的事。预计全世界每年将最少投入 1500 亿欧元的资金，以满足适应气候变化的需要，如开挖沟渠、人口和生产的重新安置等。如果富国自己都不能筹集到足够的资金（将近全球国内生产总值的 0.2%），就更别提让穷国和新兴国家为减少未来的排放做出努力了。可眼下，各方承诺用于改造的资金还不到 100 亿欧元。更让人难过的是，这还不是援助穷国的问题，这只是用来修补我们在过去造成而且现在还在继续的损失。

最后这一点很重要，因为我们经常在欧洲和美国听到这样的说法，说中国已经成为世界上第一污染大国，现在应该轮到它和其他新兴经济体来付出代价。

这么说的人显然很健忘。首先，排放总量应该根据各国的人口来计算：中国的人口将近 14 亿，是同期整个欧洲人口（5 亿）的近 3 倍和北美人口（3.5 亿）的 4 倍。其次，欧洲之所以排放较低，部分原因在于我们大大低估了欧洲人喜欢消费的产品带来的污染，而这些工业产品和电子产品其实都是产自国外，尤其是中国。如果按照世界各地之间进出口产品包含的碳排放计算，欧洲国家的碳排放就会陡然上升 40%，美国的排放也会上升 13%，而中国的排放就会降低 25%。显然，按照各国最终消费商品而不是生产的产品来计算碳排放总量要更合理一些。

目前中国的排放是每年人均 6 吨二氧化碳，大约是世界平均水平，欧洲人均是 13 吨，而北美国家人均高达 22 吨。换句话说，问题不仅在于我们西方国家污染的时间比其他国家更长，而且还在窃取权利用于排放世界平均水平两倍以上的人均污染。

要想跨越国家间的对立，尽量找到解决问题的共同方案，还有必要认清一个事实，即各国内部实际上也存在着间接或直接造成的能源消耗的严重不平等，既包括产品也包括服务消费。根据汽车油箱、房屋大小、财产的丰厚程度，以及所购商品的质量、航空旅行的次数，各人消耗的能源也不尽相同。虽然不同的个人生活方式对污染排放影响很大，但我们还是可以清楚地看到，随着收入水平的提高，能源消耗和污染排放的平均水平也在大幅提高，增长的弹性系数略低于 1。

卢卡斯·尚赛尔和我一起系统搜集整理了一些数据，这些数据一方面涉及各国的直接和间接排放，另一方面涉及它们的消费和国内收入分布情况，我们对最近 15 年世界人均排放的演变和分布做了相应分析。

由此得出的结论非常清楚：随着新兴国家的崛起，现在各大洲都出现了大的污染排放国家，因此每个国家都应该为应对全球气候变化所需的资金有所贡献。但发达国家始终是世界上最大的污染来源国，因此也不应该要求中国和其他新兴国家承担超出合理范围的责任。

具体而言，地球上现在有将近 70 亿人口，每年人均排放相当于 6 吨二氧化碳。污染最少的一半人口，也就是 35 亿人主要生活在非洲、南亚和东南亚，这些地区也是受到气候升温影响最严重的地方，但它们的排放只有人均不足 2 吨，占地球总排放不到 15%。而位于另一端，即污染排放最高的地球 1% 的人口（也就是 7000 万人），他们的年人均排放却高达 100 吨二氧化碳，仅他们的排放总量就占到全球的大约 15%，也就是说和最低那一半人口的排放相当。前者的人数只有后者的 1/50，但因为前者人均排放是后者的 50 倍，所以总量正好两相抵消。不过这排放低的一半人口却要承担气候变化，也就是海平面和气温升高带来的恶果。换句话说，这35亿人口人均排放2吨二氧化碳，却要为排放100吨的人付出代价。

那些地球上污染排放最多的人又住在哪里呢？根据我们的估算，他们中的57%居住在北美，16%在欧洲，5%多一些在中国，另外俄罗斯和中东地区也各占6%左右。我们认为，这份分布数据可以作为每年1500亿欧元应对全球气候变化所需资金负担分配的合理参考。北美国家应当缴纳850亿欧元（占国内生产总值的0.5%），欧洲应当缴纳240亿欧元（占0.2%）。这个结论可能会让唐纳德·特朗普和其他一些人感到不快。他们尽可以核实或改进我们的计算结果，所有的数据和计算机程序都可以在巴黎经济学院的网站上查到。我们对个人消费和排放的分布做过多种假设，也认真计算过影响，但发现对主要计算结果都不会有实质性改变。

我们也可以考虑其他分配方案，比如让世界排放最高的10%人口承担资金。这7亿人年人均排放为27吨，总排放占全球的45%，也就是排放最低的一半人口的3倍多。在这种情况下，北美国家负担的资金应该占40%，欧洲占19%，中国占10%。

有一点可以肯定，当务之急在于构建一套建立在累进制碳税基础上的分配制度。我们不能要求那些年人均排放只有2吨的人做出和排放100吨的人同样的贡献。人们经常讨论的碳排放比例税（以及碳价格和污染权市场制度，它们还带来了其他一些问题）最大的弊端就在于此，如果不经过修改和加上补偿就加以实施的话。

有些人反对说，富国永远不会接受这种分配标准，特别是美国。因此，今年在巴黎或以后通过的应对气候变化解决方案也许不会有那么大规模，也不会那么透明，但还是要找到解决的办法。如果富国不愿意掏腰包，那什么问题也解决不了，而气候变暖的具体影响就会越来越明显，包括对美国的影响。

不管采用什么方法，当务之急都是要建立一套责任共担原则下的研判机制，建立共同的话语体系，为应对前所未有的全球挑战找到和平的解决方案。

2015 年 11 月 28 日

第三部分

收入与不平等

经济形势对于发达国家最底层的民众非常不利：“光辉三十年”的高速增长戛然而止，去工业化过程日益凸显，新兴经济体力量不断增强，发达国家的中低端岗位不断流失，而这些国家中掌握大量金融资本和文化资本的群体却从全球化中赚得盆满钵满。

像乔布斯一样贫穷

大家都爱乔布斯，甚至超过了对比尔·盖茨的喜爱程度，乔布斯已经成为最佳企业家和财富的代表人物。如果说比尔·盖茨由于微软操作系统事实上的垄断而获得了成功，那么乔布斯的创新更多（iMac、iPod、iPhone、iPad……），乔布斯在计算机的使用和设计上都有创举。没有人能够准确地知道在这些创举中这些天才和其他我们不知道名字的数千名工程师究竟做出了多少贡献（还有那些电子和理论计算机科学家们，没有他们，不可能有这些创举，但他们没有为自己的科技论文申请专利）。另外，每个国家、每个政府，都希望有这样的企业家出现。

从象征意义上讲，乔布斯和盖茨其实是值得称赞的富人，经过时间的洗礼后，让人十分崇敬。我们几乎可以得出结论：他们的财富（根据《福布斯》杂志排名，乔布斯为80亿美元，比尔·盖茨为500

亿美元）正是在理想世界中他们应得的，在最美好的世界里，一切也都会向最好的方向发展。然而，财富不仅代表着成就。在沉溺于这一幻想之前，置身其中进行分析是很有帮助的。

第一个猜想：作为创新者的乔布斯持有的财富是食利者盖茨的1/6，这可能说明竞争策略还有待完善。

还有更令人烦恼的：尽管这些非常不错的发明创造在世界上销售火爆，尽管苹果股价近些年来涨势很猛，但乔布斯最终只有80亿美元，是法国的莉莉安所持有财富（250亿美元）的1/3，她不需要工作，只要继承财富即可。在《福布斯》杂志排名中（尽管他们竭尽全力减少遗产继承对排名的影响），有十几个遗产继承者比乔布斯要富有。

更让人担忧的是，超过一定水平的通过继承获得的财富与企业家们持有财富的增长速度一样快（也一样有爆发力）。1990—2010年，比尔·盖茨的财富由40亿美元增长到500亿美元，而莉莉安·贝当古的财富则由20亿美元增长到250亿美元，二者的增长率都超过了13%（如果除去通货膨胀率，实际上是10%~11%的增长率）。这一极端的事例说明了一个普遍的现象：在大家的普遍认识中，财产实际的收益率不超过3%~4%，对于小额财富来说甚至更少（储蓄账户利率现在为2.25%，如果除去通货膨胀率影响，则不到0.5%）。但是对于更大数额的、能够承担更大风险并能够负担起财富管理费的财富来说，能获得更大的收益，大约为7%~8%。对于最高额的财富收益率可能超过10%，这取决于财富持有者自身的职业、才能和成就。总的来说就是“钱生钱”。

我们发现主权财富基金和大学捐助基金也是如此。1980—2010年，在北美洲的大学中，持有捐助基金数额少于1亿美元的大学每年获得的收益率“仅为”5.6%（在除去通货膨胀和所有管理费用之后，这已经不错了）。持有捐助基金数额在1亿~5亿美元的学校每年的收益率为6.5%，5亿~10亿美元的为7.2%，超过10亿美元的为8.3%，而哈佛、普林斯顿和耶鲁三所著名大学每年的收益率均超过了10%（它们获得的捐助额在20世纪80年代就达到了几十亿美元，2010年获得的捐助额为数百亿美元）。

运行机制很简单，但其规模令人担忧：如果我们将这一趋势继续下去，那么将会出现巨大的财富分配以及经济权力的分化。为了合理控制这一可能具有爆发性质的趋势，在世界范围内对财富实行累进税制可能是个好办法。通过对小额财富实行温和的税率来帮助即将成为企业家的创业者们，而对数额巨大、发展势头迅猛的财富实行很高的税率。很明显，我们还有很长的路要走。

2011年10月25日

利润、工资和不平等

在目前危机突发的情况下，是不应该在无谓的争吵上浪费时间。关于企业附加值中利润和工资份额的辩论，偶尔会展现出令人惊讶的一面。一些左派人士怀疑任何人注意到它们的稳定性之后都会认为法国收入不平等现象没有加剧。这里涉及两个完全不同的问题，如果我们想要实行合理的再分配政策，就一定要明确这两个问题。同时，既然这些争论的关键在于不平等问题，那么需要明确一点：不平等现象在过去的10年中就已经爆发了。

卡米尔·朗代的研究毫无疑义地说明了这一点。1998—2005年，我们发现法国高收入群体的购买力水平提高了十几个百分点（较富有的1%的法国人的购买力提高了20%，最富有的0.01%的法国人的购买力提高了40%，而90%收入较低的法国人的购买力只提高了4%）。所有迹象都表明，这一发展情况在2005—2008年呈现的是持续甚至扩大的态势。这是一个前几十年中新出现的、不为人所知且规模很大的现象：这一趋势的规模可以与 1980 年以来美国的局面相抗衡。这意味着 15% 的国家转移支付要流向最富有的群体，而其余人口的购买力水平停滞不前。第一个事实如何在利润和工资份额宏观稳定的情况下，与同样毋庸置疑的第二个事实并存呢？

任何人到法国国家统计和经济研究所的网站上都会发现这一问题。如果将 2007 年法国企业支付报酬（包括雇主分摊金）相加，会得到 6230 亿欧元的工资总额，而毛利润为 2990 亿欧元（在向员工和供应商付过款之后企业剩下的资金），也就是 9220 亿欧元的“附加值”（根据定义，附加值是工资总额和毛利润的总和），其中 67.6% 为工资部分，32.4% 为利润部分。1997 年的工资总额为 4040 亿欧元，占 67.4%，毛利润为 1950 亿欧元，占 32.6%。我们可以从中看出，自 1987 年以来工资总额所占比重保持在 67%~68%，毛利润保持在 32%~33%。如果 INSEE 在计算中没有搞错的话，这一事实似乎很清楚了。

另一个同样十分明显的事实是 1982—1987 年工资份额的下降（在 20 世纪 70 年代工资份额增加之后），但是从 80 年代的客观事实中寻找 90 年代末不平等现象爆发原因的行为是不严肃的，而且对于解决目前的问题没有任何帮助。

那么，如何解释在利润和工资份额保持稳定的情况下，90 年代不平等如此加剧的事实呢？第一个原因是因为工资结构向高收入群体大幅度倾斜。高收入群体，尤其是年收入超过 20 万欧元的群体，购买力大幅度提升，而其他大部分人工资水平的提高都被通货膨胀所吞噬。

在美国也存在这样的现象：管理层掌握控制权，他们自行通过过高收入的决定，与其生产率没有关系（从定义上来看是无法观察的），这一情况是在多次减税政策的推动下造成的。在金融领域，如此不合理的工资水平还刺激了在承担风险方面的疯狂行为，很明显这造成了目前的危机。

面对这样的偏差，唯一可靠的解决办法就是增加高收入群体的税负。这一措施在美国和英国已经出现，最终也会为法国所用，如果萨科齐能够意识到税盾政策是其任期内一个失误的话。

第二个原因就是所谓的利润和工资份额稳定，既没有将劳动收入的税负增加（尤其是社会分摊金）考虑在内，也没有考虑资本收入税负减轻（尤其是所得税）。如果从家庭实际收入的角度来看，资本收入（红利、利息、房租）在不断增加，而净工资收入则不可避免地下降，这进一步加剧了不平等现象。况且在股市泡沫和剩余价值幻景（税负低）的刺激下，近 20 年来加倍发放红利，以致其资金自给的能力为负（未发放的利润只是纯利润的一小部分，甚至不能代替已用资本）。问题还需要通过资本和劳动收入的恢复平衡来解决，比如将所得税纳入医疗和家庭社会分摊金的缴纳范围。这一宏大的领域需要很强的国际一致性，希望危机能够对这一转折有所助益。

2009 年 3 月 17 日

被遗忘的不平等

关于附加值份额和薪酬水平差距的“柯蒂斯报告”没有发布什么振奋人心的消息，但是它至少十分清楚地重新强调了主要事实，特别是20年来工资总量和利润份额的稳定不应该掩盖不平等加剧和大部分人购买力停滞的事实。一方面，从20世纪90年代起的较高收入增长速度远大于工资总额平均数额的增长。这一现象在心理上产生了十分恶劣的影响，而且如果这一趋势继续的话，可能会像美国一样，整个宏观经济都受到影响。另一方面，疲软的增长很大限度上被社会普捐金和其他工资收入需要承担的税负所抵销，以致平均净工资额20年来几乎停滞不前，而与此同时，财产收入获得了大幅度的增长。

INSEE主席不能直截了当地阐明这些事实，是因为政治因素造成了这样的结果。与其在附加值初步份额上含糊不清，不如使用税收工具：对购买力停滞不前的人群实行减税政策，对在经济增长中获益最大的人群增加税负。也就是和现行政策完全相反。目前政府对高收入和财产收入实行减税：降低收入所得税的较高税率、调整税盾政策、下调巨额财产税。而由于整体税负几乎没有下降，这样的慷慨最终需要由其余的人群来负担，虽然不引人注目但不可避免。

如果整体事实很清晰的话，那么《柯蒂斯报告》中就有一个方面没有受到重视：近几年企业对其股东十分慷慨，这就是用于投资的利润部分减少的原因。真相被《柯蒂斯报告》侧重于毛利润的事实所掩盖，也就是说将资本贬值计算在内。否则，生产资本持续贬值，在进行新投资之前，需要更换陈旧设备：电脑定期更换，建筑和其他设备应该得到维护和保养，等等。从经济角度和税收角度看，适用的概念应该是纯利润，也就是排除贬值因素影响之后。尽管纯利润很难估算，但由于 INSEE 努力想要对这一贬值做出最精确的估算，因此最佳的选择是对这一估算加以利用，而不是对其置之不理。更何况如果由毛利润变为纯利润，那么对利润份额的理解是完全不同的。《柯蒂斯报告》显示，20 年来，毛利润占企业附加值的 33%~34%，而工资总额占企业附加值的 67%~68%，这是没错的。但是企业资本贬值通常相当于 15%~16% 的附加值，大致是毛利润的一半。换言之，当我们从统计图表中得知企业将其一半的毛利润用于投资时，真相令人大跌眼镜。这说明企业在为股东分红之前更换了旧设备，这是他们至少可以做的。如果我们从净利润的角度看，企业通常将几乎全部利润以利息和红利的形式分发给股东。企业的净储蓄额，也就是在回报股东、缴纳税款和设备折旧之后剩余的部分，从未超过附加值的几个百分点。而通常是家庭净储蓄额，还有贸易赤字时期其余部分的净储蓄额为企业投资提供资金。近几年的发展形势令人担忧：2004年为负的企业净储蓄额，2004—2007年的净储蓄额相当于企业附加值的1%~1.5%。在20世纪90年代，利润在企业附加值中占据的份额与目前一样，而企业能够预存约1.5%~2%的净储蓄额。这一对企业投资不利，但对股东有利的企业附加值3%~4%的转移支付是可观的：企业向其股东支付的金额已经超过了其账户内的资金！同样，根据INSEE的国民经济核算，这样的现象在历史上从未出现过，除了20世纪70年代末和80年代初，在这期间，企业利润在其附加值中占的比重异常小。最新数据显示，不能对通过危机来缓解形势抱有太大希望：2008年，法国企业净损额达到其附加值的2%。

在这样的背景下，为了减轻劳动收入缴纳分摊金的负担，应该建议上调利润所得税。

2009年6月9日

富恩特斯笔下的资本

《解放报》

1865 年，卡尔 · 马克思称，他从巴尔扎克的作品中学到关于资本主义和金钱力量的知识最多。到了今天，我们还可以这么说，只要把作者和国家的名字换一下就行。早在 2008 年，也就是墨西哥国宝级作家卡洛斯 · 富恩特斯（Carlos Fuentes）去世前几年，他刚刚发表了鸿篇巨著《愿望与财富》（*La Volonté et La Fortune*），书中描绘了一幅幅关于墨西哥资本主义和举国上下陷入社会经济冲突的画面。书中的墨西哥正在慢慢沦为毒枭的国度，经常登上媒体的头版头条。书中还塑造了多位个性鲜明的人物，其中一位是深受美国文化熏陶的总统，但其实只是个可悲的权力代理人。而与他针锋相对的那位无所不能的亿万富翁，才真正代表了资本掌握的永恒权力，很像是世界首富墨西哥电信巨擘卡洛斯 · 斯利姆（Carlos Slim）的翻版。

两位年轻的主人公始终在屈从、纵欲还是革命之间摇摆不定，最后被觊觎他们财产的美女野心家相继谋害。此人没有依靠伏脱冷（巴尔扎克在《人间喜剧》中塑造的资产阶级野心家形象。）式的人物，便独自完成了谋财害命的过程。这说明从1820年独立以来，墨西哥出现了新的暴力升级。财产转移始终是除了特权家族圈子外所有人的梦想，但它也往往会摧毁属于这个家族圈子里的所有人，因而成为富恩特斯思考的中心问题。

书中还随处可见关于“美国佬”在墨西哥的负面描写，他们拥有墨西哥30%的土地和资产，加剧了社会不平等。通常在政治团体里，围绕所有权的关系总是错综复杂，很难平稳处理好：不管是向所有权人支付租金，还是与他心平气和地达成协议，包括围绕双方关系的规则界定，以及如何维持这种状况，从来都不简单。如果换成是一个国家向另一个国家支付租金和红利，情况会变得更复杂。随之而来的是没完没了的政权演变，一会儿是极端自由主义泛滥，一会儿又是专制主义登场，时不时还会出现场面混乱的财产强征，不断给拉美国家的发展历程制造麻烦。

不过，拉丁美洲的社会和民主进步始终让人抱有希望。在墨西哥南部的巴西，迪尔玛·罗塞夫刚刚连任总统，她的选票主要来自贫困地区和最底层的社会群体。这些人尽管对2002年卢拉当选总统后执政的劳工党感到失望和排斥，但依然积极支持曾经给他们带来好处的社会进步改革，担心右派上台会倒行逆施。这里的右派实际上是指社会民主党，因为在拉美几乎所有人都自称左派，至少精英们这么说不用承担什么责任。实际上，在卢拉和罗塞夫执政时期推行的社会保障政策，特别是家庭补助金（低保）以及提高最低工资收入等措施，都使巴西在过去的15年间极大地减少了贫困现象。但这些脆弱的社会既得利益现在却面临着来自国际因素的威胁，如原材料特别是石油的价格暴跌，美国货币政策不确定的影响，加上欧洲的紧缩政策，都给巴西经济带来了沉重的负担，也使巴西经济开始走向衰退。另外，悬殊的社会不平等在给国家带来负担的同时，也对社会稳定造成了威胁。

我们此时再次感受到了富恩特斯提到的历史预言的分量。1888年，巴西成为世界上最后一个废除奴隶制的国家，当时其国内的奴隶还占人口总数近1/3，但有产阶层却没有倾尽全力去推翻这一不平等的沉重历史负担。无论是公共服务还是面向大众的中小学教育，都处于非常基础的阶段。巴西的税收制度极其落后，它所支撑的公共财政也同样非常落后。普通百姓阶层支付的间接税沉重不堪，如电力税就高达30%，而大笔的遗产继承却只需支付微不足道的税负，税率只有4%。公立大学虽然免费，但只有一小部分特权者能够享受。卢拉执政时期也制定了针对普通百姓、黑人和有色人种的大学优惠录取条件（同时也产生了没完没了的争论，针对的只是申请人的调查表和档案中的种族申报等问题），但力度非常有限，大学教室里也很少能见到这类人群。墨西哥人还需要继续奋斗才能打破历史的诅咒，证明政治意愿可以战胜财富的力量，不管这些财富的来源渠道是黑是白。

2014年12月1日

老百姓的双重痛苦

《解放报》

为什么现在到处都出现普通百姓疏远执政党的现象，尤其是对号称保护百姓利益的中左派政党敬而远之？原因很简单，就是这些党派很久以来已经保护不了他们了。最近几十年，百姓阶层实际上相当于遭受了双重打击，先是经济上的，然后是政治上的。经济形势对于发达国家中最底层的民众非常不利："光辉三十年"的高速增长戛然而止，去工业化过程日益凸显，新兴经济体力量不断增强，发达国家的中低端岗位不断流失，而这些国家中掌握大量金融资本和文化资本的群体却从全球化中赚得盆满钵满。其次，政权的更迭只是加剧了以上的经济演变趋势。大家都以为公共制度、社保体系以及整体的公共政策会适应新的形势变化，让全球化的主要受益者多做一些贡献，以帮助那些受到冲击最大的群体，可随后发生的事情却与人们的设想正好相反。

部分原因在于国家之间竞争加剧，各国政府越来越重视那些高流动性的纳税人，比如高素质的全球化人才和资本持有者。相反，那些被视为失败者的人群却被冷落一旁，比如普通百姓和中产阶层。这种现象涉及所有社会政策和公共服务领域：一边是大力投资高速火车（TGV），另一边是省级列车（TER）日渐破败；一边是大力发展精英教育，另一边是高校投入下降。这里当然涉及整个体制的融资问题。自20世纪80年代以来，税收体制的累进特征被大大降低，最高收入人群的税率大幅下调，而针对低收入者的间接税却一直在上涨。

解除金融监管和资本流动的自由化也加速了这些变化，但没有做出任何补偿。

欧洲国家之间虽然没有制定共同的税收和社会政策，但欧洲一体化的制度却朝着国家和地区间完全彻底竞争的方向发展，从而加剧了上述演变的趋势。这一点可以很清楚地从公司所得税上看出来：20世纪80年代至今，欧洲国家的公司所得税率就已经减少了一半。更有甚者，大公司往往还可以不按照官方税率纳税，就像刚刚爆出来的卢森堡泄密案揭露的那样。实际上，中小企业纳税的税率经常比那些总部设在首都的大集团要高。缴更多的税但享受到的却是更少的公共服务，于是相关人群便有了被抛弃的感觉。这种被抛弃的感觉为极右势力带来了更多的选票，也导致了三足鼎立的政局，不管是欧元区内还是区外的国家都是如此。那么现在应该怎么办？

首先，必须承认，如果不推行彻底的社会和民主改革，普通民众就会认为欧洲建设取得的成果正在变得越来越不堪一击。最近，欧盟委员会、欧洲央行、欧洲理事会和欧元集团联合发布了一份关于欧元区未来的报告。从这个角度来说，报告的基调令人备感失望。总的观点是大家都清楚“结构性改革”（减少劳动市场和商品市场的僵化程度）是万能的良方，但现在就欠改革手段的东风。它们开出的诊断也很荒唐，认为欧洲之所以最近几年失业猛涨而美国出现相反势头，首要原因在于美国人更多采用了灵活的财政政策，保证了增长的复苏。

困住欧洲手脚的首先是违背民主精神的桎梏：僵化的财政标准、税收问题的全体一致表决规则，另外，最关键的还是缺乏对未来的投资。举个代表性的例子，欧盟的伊拉斯谟项目本身很有必要，但它的投入却少得可怜，每年只有区区 20 亿欧元。相比之下，各国用来偿债的利息都已经达到了 2000 亿欧元。而欧洲现在正是最需要大规模投资于创新、投资于青年项目和大学的关键时候。如果各国不能在欧洲的改革方面达成妥协，那么欧洲分裂的风险就是实实在在的。谈到希腊，很明显有些领导人正在企图把它逼向退出欧元区的一步。大家都很清楚 2012 年的欧盟协议根本实施不了，因为希腊不可能在几十年里一直创造出占国内生产总值 4% 的初级预算盈余用来偿债，但一些国家就是拒绝重新协商修改偿债协议。在所有这些问题上，法国都没有提出新建议，这是最让人无法接受的。我们不能无所事事地等着 12 月的地区选举到来，等着极右势力在大区议会掌握控制权。

2015 年 3 月 23 日

从埃及到海湾国家：不平等的火药桶

《解放报》

一周以来，全球各地的目光又重新投向了伊拉克。早在今年1月，盘踞伊拉克和叙利亚的“伊斯兰国”叛军就已占领了费卢杰，政府军却始终无力夺回这座距离巴格达只有不到100公里的城市，充分暴露出伊拉克现政权的软弱无能。现在整个伊拉克北部地区似乎都处在动荡的局势下。“伊斯兰国”完全有能力和叙利亚的叛军部队联合起来，建立一个覆盖伊拉克和叙利亚广大地区的新国家，从而推翻西方列强1920年划定的两国边界。

人们往往从宗教对立（逊尼派与什叶派）的角度分析上述地区的冲突。这种分析方法固然很有必要，但我们也不应该忘记一个事实，即当地的财富分配极端不平等，甚至可能达到了地球上最严重的程度，并已经在当地引发了各方之间的紧张关系。许多观察家都注意到，“伊斯兰国”的出现使盛产石油的沙特和各酋长国都感受到严重的威胁，尽管它们和“伊斯兰国”一样都是以逊尼派为主。这有些类似于1991年科威特被伊拉克吞并时的情形，只不过现在的威胁是在更大的地理范围内产生影响。甚至不用等到那一天，我们就能明显地注意到，由于石油资源集中在小范围的无人居住区，当地所有政治、社会制度都因此受到影响和削弱。看一下从埃及到叙利亚，再到伊拉克、伊朗和阿拉伯半岛这片包括3亿人口的地区，就会发现其中石油王国的国内生产总值就占了60%，但它们的人口却只占10%。另外还需要说明一点，在石油王国里，一小部分人不成比例地把持着这些天赐财富中的很大比重，而其他大部分人，主要包括妇女和移民劳动者，却过着一种半奴隶制的生活。西方列强国家向这些政权提供政治和军事上的支持，心满意足地换来石油大亨对足球俱乐部的少量资金支持，或是大批武器订单。显然，西方的民主和社会正义等价值观对中东地区的年轻人影响极为有限。

只要稍做假设，我们就能毫不费力地推断出，中东地区的收入不平等情况要比世界上收入最不平等的国家严重得多，如美国、巴西和南非等地。这个事实可以用下面的数字来说明。2013年，埃及政府花在所有中小学和大学的总预算加起来还不到100亿美元，而埃及的人口是8500万。就在距离埃及数百公里的沙特阿拉伯，当地人口只有2000万，但每年的原油收入却高达3万亿美元；卡塔尔的人口是30万，原油收入也超过了1000亿美元。与此同时，国际社会还在考虑到底是再向埃及提供几十亿美元的贷款，还是要等埃及像之前承诺的那样，先提高汽水饮料和香烟的税率再做决定。

面对这样一个充满不平等对立的火药桶，我们应该怎么办？首先要做的应该是告诉人民，我们更关心当地的社会发展和政治一体化进程，而不只是忙着和产油国的酋长们编织利益关系。强有力的欧洲共同政策应该让欧洲的价值观和社会模式得到发扬光大，而不是让我们只顾埋头于狭隘的经济利益，这一点不管是在中东地区还是在乌克兰或俄罗斯等其他地方都一样。美国的霸权已经导致了现在的伊拉克灾难，如果它还沉醉于自己的强势不能自拔，未来就可能再次犯下滥用支配地位的错误，就像刚刚发生的巴黎银行天价罚款事件。虽然影响范围较小，但不容忽略。巴黎银行与苏丹政权之间的交易明显属于腐败的范畴，清除银行高层的做法也不无道理。尽管这些人过去很擅长教训其他人该怎样搞好管理，但把那么一大笔巨额罚金上交给美国财政部就说不过去了，更何况这还隐藏着动摇欧洲银行业的现实风险。因此，为了加大对全球化的影响，让世界变得更加公正，欧洲比以往任何时候都应该保持政治上的团结和统一。

2014 年 6 月 16 日

印度的资本和不平等

《世界报》

目前，人们越来越多地将目光转向了印度，希望它能在未来乃至数十年间成为拉动世界经济增长的火车头。据测算，2016—2017 年，印度预计能保持 2015 年 8% 的增长速度，而中国只有 6%。印度的起点较低，每月人均购买力在 300 欧元，中国和欧盟分别为 700 欧元和 2000 欧元。只要保持这种速度，印度就能在不到 30 年的时间内赶上欧洲国家，而赶上中国只需要 15 年。

另外，人口对印度来说非常重要。根据联合国的统计，印度人口在 2025 年前应该会大幅超过中国，而中国已经出现人口老龄化和人口下降的趋势。印度注定会在 21 世纪成为世界第一人口大国，甚至有可能成为第一超级大国。而且印度还有坚实的民主与选举制度、言论自由和法治国家的保障。

不过，印度面临的挑战也是巨大的，首先就是不平等带来的挑战。在对印度家庭的消费调查中很难看到数字的增长，很可能是因为财富的增长被少数精英不成比例地拿走了，而他们的情况往往没有反映在调查数据中。印度政府已经在21世纪初停止公开查询所得税的数据，因此很难做出精确的判断。

可以肯定的是，印度在教育和医疗方面的公共投资明显不足，从而削弱了它的发展模式。最明显的例子是印度的公共医疗体制捉襟见肘，它的预算只勉强占到国内生产总值的0.5%，而中国却是将近3%。实际上，到目前为止，中国政府通过投入大量资源改善了社会保障和公共服务，取得了比印度民主议会精英更大的成就。而只有这样的政策才能让全体国民享受到增长带来的好处，保证国家的可持续发展。印度的民主模式还需要做出更多努力，理想一点的话，应该避免重蹈20世纪迫使西方精英推行社会和税收改革的那场危机和冲击。

印度最大的挑战还在于种姓制度，这也是西方人难以理解的一点。另外占多数的印度教教徒和少数派穆斯林（占13亿人口总数的14%，即1800万人）之间也存在着身份冲突的风险。在印度人民党（1998—2004年执政，2014年重新上台）挑动对立的当下，这种风险只会不断上升。

简单了解一下背景。1947年，印度正式废除了种姓制度，特别是终结了按照种姓普查的制度。当年英国殖民者实施这套制度是为了更好地控制印度，但它被批评旨在分裂国家和固化阶级。后来政府还在大学录取和公务员招聘中对出身低种姓家庭的人实行优惠录取的办法。这些人过去深受歧视，被称为“不可接触的贱民”，占全国人口的30%。但这些政策又引发出身中间种姓的孩子不断产生挫折感，他们被称为“其他落后阶层”（OBC），夹在地位最低的人群和最高种姓之间，占人口总数约40%。从20世纪80年代开始，印度多个邦把优惠录取政策延伸到这些新的群体（穆斯林本身被排除在种姓制度外，也可以归入其中）。随着时间的推移，原来种姓之间的界限开始出现松动，且与收入和财产等级并不相符，甚至相去甚远，围绕这些新的制度安排产生的冲突也越发激烈。2011年，联邦政府终于决定通过对各种姓的社会经济普查来厘清这些复杂关系（第一次普查始于1931年）。

这是个具有爆炸性的话题，目前还没有公布完整的调查结果。长远来看，重要的是逐步把这些优惠录取的政策转变成制度性的规则，以普遍的社会性标准（比如父母的收入或来源地）为基础，就像高中或大学招生录取软件的办法一样。在法国，这种招生软件刚刚开始被采用，它是给享受奖学金的学生或贫困生加分的一种办法。

从某种意义上来说，印度要做的事情很简单，就是要用法治国家的手段来应对不平等的挑战。以目前的局势来看，源自古代社会和歧视造成的地位不平等非常悬殊，随时都可能造成社会关系的紧张冲突。如果认为这些挑战离我们还很远，那就大错特错了。

2016年1月17日

与不平等做斗争，不管是法国还是欧洲

皮凯蒂博客（piketty.blog.lemonde.fr）

托马斯·皮凯蒂和40多名知名人士一起在1月11日周一出版的《世界报》上发表联名倡议书，呼吁“左派和环保主义”候选人先进行初选再参加2017年的总统大选。在两周的时间里，倡议书共征集到超过7万份签名。本文来自发表在“我们的初选”社团网站上的征稿文章。[①]

没错，我们可以与不平等抗争，不管是在法国还是欧洲，从现在就开始。与保守派的说法相反，法国当然始终是左派和右派在轮流执政，但也是左派的多项政策在轮流登台。这些政策乍看上去都很值得认真对待，但在它们之间也应该做出选择。为了在政治右倾的环境下重新定义左派的建议，必须首先从辩论开始，以公开、强制、严格的

① 网址：notreprimaire.fr。

方式进行，唯有如此才能避免自己做出的决策日后成为他人攻击的把柄。

为了与不平等做斗争，应当采取两条腿走路的办法：一方面，要让欧洲政策转向，改变紧缩导向和税收社会倾销的老路；另一方面，要从现在开始就在法国强制推行积极的改革，不要把欧洲的不作为当作自己犯错误的借口。

首先是欧洲的问题。我们可以想到的有三个主要方案，相互之间会有细微的差别：第一，在当前的制度框架下寻找最优政策；第二，对当前制度进行民主和社会改造；第三，打开“退欧”的大门。

第一种方案：一些人认为，可以在保留当前欧盟制度框架的前提下，通过拉动增长和就业，逐步改善经济和社会环境。这是 2012 年上台的左派政府一再主张的论调，但结果却不大有说服力。当然我们也可以为它辩解说，将来也许可以做得更好，而且要想改革欧盟条约也没那么简单。

第二种方案：这也是我主张的做法。如果我们还想在欧洲推行社会进步政策，就有必要（而且这也是可能的）重新谈判 2012 年的预算条约。特别是要在条约中加入民主和正义的成分，并组建平等代表所有公民的欧元区议会，按照多数原则对赤字水平和拉动经济增长的方案进行决策，而不是盲目实施僵化的预算标准。欧洲还必须跳出一致同意的规则，设立共同的大公司所得税，保证最低限度的税收公平。法国、意大利和西班牙的人口和国内生产总值占到了整个欧元区总量的一半以上，如果这三个国家提出一套详细的方案，那么占大约 1/4 的德国应该会接受妥协的结果。如果德国拒绝，那么怀疑欧洲的声音必将升调，而且后果也将难以挽回。

第三种方案：毫无疑问就是打开退出的大门，即欧元区解体，各国恢复某种程度上的货币和财政主权。这种想法在我看来为时过早，我认为还是应该先给一个真正的机会，对欧元区和欧洲观念进行民主与社会的改造。我也理解人们愤怒的心情。左派不应该把这种辩论当作禁忌：欧元区外的一些国家，像瑞典和丹麦，它们的社会进步政策搞得至少不比法国差。但这些国家也出现了同样的仇外危机：从某种程度上来说，它们的做法既不比法国好，也不比法国差。所以说，任何讨论都不应该被禁言。

其次，还要在法国推行积极的改革。有许多改革应该马上付诸实施，不管欧洲的谈判结果如何。就像许多公民一样，我也坚持认为，可以设立一种针对所有收入、累进征收的大税种。为了保证高效和灵活性，可以采用从源头征收的办法；为了促进男女平等和个人独立，也可以采用个性化的做法。这种新税还可以促进社保融资模式的改革，改变当前模式过于依赖私营部门社保缴费和工薪的现状。另外，要设立对财产实施累进征收的大税种，做法应该是合并地产税和巨富税，减轻那些正在努力获得财产的人的负担，而不是那些已经拥有很多财产的人的负担。不过，在这个方面还是有很多可行的办法，需要展开讨论。有些人偏向于维持夫妻系数的办法，还有些人希望保留当前的社保缴税或者是普摊税的比例征收办法，避免出现各种性质的“税收自留地”乱象。

最后，我们也可以想象得到，任何目标过高的税制改革都是不现实的，做出这样的许诺就是在撒谎。

以上所有方案应当说都值得我们思考，条件是这些方案应当在大选前向选民做出准确详细的介绍。很难想象当选民投票后才发现，原来许诺的改革方案都实施不了，又只好决定提高增值税，而这在之前的公开辩论中却从来没有人提到过。这样的谎言最终只会毁了民主理念的本身。

除了税收问题，在其他许多方面也是同样的道理，不过在这里只能一带而过。这些方面包括教育、养老金、医疗、社会民主等。法国的高等教育是世界上最不平等的制度之一，为了保证平等和自由，对它进行大量投资和深入改革已经迫在眉睫。在退休金方面，可以统一私营和公营部门的制度，以更好地保障新生一代的权利，同时让制度适应不同职业生涯的复杂性。另外，领薪雇员应当更多地出现在董事会里，参与企业制定策略，就像瑞典和德国企业的做法那样。当然他们做得更好，我们也可以加以改进。所有这些问题都需要进行探讨，需要阐述清楚，需要民主的程序。这是重塑希望和摆脱老路的必要条件。

2016 年 1 月 28 日

论美国的寡头势力

《解放报》

美国在未来会不会呈现出寡头政治的格局，成为富豪寡头的天下？最近，美国最高法院做出一项裁决，取消了私人政治献金的上限，从而引发人们的上述担心。共和党的超级支持者、身为亿万富翁的科赫兄弟曾经投入上亿美元，支持服务于右翼参选人的广告和智库，一举成为美国社会金钱万能的象征。随着极端不平等的渐渐失控，加上 1% 精英控制政坛的现象也日益严峻，美国社会仿佛被一只怪兽搅起阵阵风波。

就在几年前，“占领华尔街运动”的支持者打出奇怪的口号，自称“我们是 99%”，一度让欧洲人错愕不已。相比之下，欧洲大陆更关心的是社会模式的现代化和未能享受到单一货币好处的人，这当然有它的道理。奥巴马总统之所以最近会说“不平等是当代主要的挑战”，主要原因就在于不平等的加剧在美国要严重得多。最突出的问题是大公司高管报酬史无前例地飞涨，财富的日益集中正在成为当代社会最大的挑战。一个国家最富有的1%人群占有资本的比例不断上升，正在接近欧洲旧制度时期的危险警戒线。对于一个拿欧洲世袭社会作为反面教材建立起来的国家，这无疑是一场前所未有的冲击。

人口的长期增长，充满活力的大学和创新，这些都是美国社会到目前为止没有偏离发展轨道的保障，但现在已经不够了。早在1900—1920年，美国就已经出现了第一次社会不平等的加剧，引发了全国性的广泛大讨论。这是“镀金时代”和《了不起的盖茨比》时代，也是洛克菲勒时代发生的事情。这也是美国会在两次世界大战之间下决心采取累进税率，对最高收入和最富裕的继承财产征收重税的原因。后来在长达半个世纪的时间里，美国的最高边际税率曾经达到甚至超过70%~80%。

在未来数年或数十年内，美国政府还会采取同样的做法吗？最高法院的裁决说明政治角力会很残酷，但也有打赢的可能。早在19世纪和20世纪30年代，美国的宪法法官就先后企图冻结所得税和最低工资。现在他们的开局也不错，可能将来还会继续扮演反动角色，就像法国的宪法委员会那样，越来越迅速而且心安理得地从法律上支持保守的税收观念。

此外，要想规范21世纪的资本主义财产，困难还在于必须找到新的手段和新的国际合作形式。美国的国内生产总值占全球总量近1/4，它有足够的体量来做出反应，特别是把不动产比例税（源自19世纪，和欧洲的同类税种相似，如法国的地产税）转变成每年对个人财产征收的累进税（把债务和金融资产也考虑在内）。这可以帮助所有想获得财产所有权的人改善处境，同时限制财产过度集中。美国还施展手段让瑞士银行最终屈服，同意自动传输关于美国侨民的金融资产信息。

美国要想走得更远，还需要欧盟同意配合，和它一起开发出一种有价证券和金融资产的国际登记系统。金融信息的不透明和财产的日益集中是各个国家共同面对的挑战。根据《福布斯》杂志从 1987 年开始统计的排行情况，1987—2013 年，全世界最富裕的资产年均增长 6%~7%，而中等水平资产的年均增长率只有不到 2%。寡头失控的风险在各大洲都存在。

在财产税呼声越来越高的全球背景下，欧盟却因为政治的碎片化显得力不从心。考虑到社会模式融资的需要，欧盟其实是全世界最希望对避税天堂采取行动的地区。如果把它作为未来欧美谈判的核心议题，很有希望得到美国的支持，因为美国也担心国内不平等现象的扩大。

2014 年 4 月 21 日

桑德斯的力量

《世界报》

怎样解读民主社会主义者伯尼·桑德斯在美国总统初选中取得的惊人成绩？这位佛蒙特州联邦参议员在50岁以下的民主党支持者中本来已经领先于希拉里·克林顿，而希拉里依靠年龄较大的选民才勉强保持了优势。

面对实力雄厚的希拉里和保守的大媒体对她的支持，桑德斯也许赢不了初选。但他的表现已经说明，在将来的某一天，另一位更年轻，也许是非白人的桑德斯也许会赢得美国总统大选的胜利，并从此改变美国的面貌。从许多方面来看，罗纳德·里根在1980年11月获得总统竞选胜利后开启的“政治—意识形态”循环已经结束。

回顾历史可以看到，从20世纪30年代到20世纪70年代，美国曾经推行大规模的经济和社会政策以求减少不平等，部分原因是为了区别于老欧洲给人留下的极端不平等形象。美国还采取了与美式民主精神相反的做法，在两次大战之间推出了针对收入和财产继承的高累进税，其税收累进比例达到了欧洲从未有过的水平。

1930—1980年，在长达半个世纪的时间里，美国实施的所得税最高税率平均为82%，针对的是年收入在百万美元以上的人群。1940—1960年，从罗斯福到肯尼迪在任时，所得税率最高甚至达到91%，即使是1980年里根上台后也保持在70%。而且这么高的所得税率对美国战后的强劲增长也没有产生什么影响。也许是因为在这么高的所得税下，与其付给超级经理们上千万美元，还不如只给他们1美元。遗产税也同样采用了累进制，针对巨额财产的税率几十年内一直维持在70%~80%（反观德国和法国，遗产税从未超过30%~40%），大大降低了美国人财产的集中度，这还是发生在美国本土从未经历过像欧洲那样的战争和破坏的情况下。

从20世纪30年代开始，美国还远远早于欧洲国家，实施了联邦最低工资制度。以2016年的美元币值折算，20世纪60年代末的最低小时工资在10美元左右，这在当时已经远远超过了其他国家。而这一切并没有造成失业现象，或者说几乎没有，因为当时的生产力水平和教育制度允许这样。美国也是在这一时期才结束合法的种族歧视政策，推出了新的社会福利政策。而在此之前，美国南部各州一直实行严重违背民主精神的种族歧视政策。

但这一切还是遭到了强烈的抵制，尤其是美国的金融精英们和部分思想反动的白人选民。20世纪70年代的美国不仅经历了越南战争失败的耻辱，而且对“二战”战败国（主要是德国和日本）正在加速赶超自己也感到忧心忡忡，另外，美国还受到石油危机、通货膨胀和税收标准低于指数等问题的困扰。

然而里根却很轻松地化解了所有这些难题，在1980年成功当选美国总统。他的竞选方案目标是要恢复一个符合源头标准的传说中的资本主义。1986年实施的税收改革终于给长达半个世纪的高累进制税率画上了休止符，针对最高收入的所得税率降到了28%。不管是克林顿时代（1992—2000年）还是奥巴马时代（2008—2016年），民主党人都没有真正对里根当年的这项决策提出质疑，而是将税率稳定在40%左右，相当于1930—1980年平均水平的1/2，这使得美国的不平等又出现爆发式增长，高管的报酬达到惊人的天文数字，而与之相伴的却是经济的低增长（虽然比深陷其他问题的欧洲要高一些）和大多数人的收入停滞。

里根还决定冻结联邦最低工资，虽然从20世纪80年代开始，最低工资已经因为通货膨胀被缓慢且一点一点地蚕食（2016年时薪只有7美元多一点，而1969年将近11美元）。在这方面，民主党人克林顿和奥巴马的相继上台执政并没有对这一新的政治—意识形态制度造成太大影响。

桑德斯今天取得的成绩说明很大一部分美国人已经厌倦了不平等现象的攀升和虚假的政权更迭，希望重新恢复代表进步的改革方案和美国的平等主义传统。希拉里·克林顿在2008年曾经与奥巴马并肩作战，特别是在关于医疗保险改革方面，但现在却极力想维持现状，似乎就是在继承里根—克林顿—奥巴马以来的政治制度。

桑德斯清楚地提出了恢复累进制税收和提高最低工资（15美元的时薪）的方案。他还加上了免费医疗和免费大学的建议，要知道美国在大学入学方面的不平等已经达到了前所未有的程度。他还强调指出，现行制度下的胜者总是用任人唯贤那一套来安慰大家，但现实的差距已经形成了一道鸿沟。

与此同时，共和党人则完全是极端民族主义的腔调，主张反对移民和穆斯林（穆斯林在美国的数量微不足道），极力歌颂白人的财富。里根和布什时期任命的法官废除了所有对私人资本影响政治生活的法律限制，这使得桑德斯这样的候选人感受到了任务的复杂性。但新的民主政治形式必将最终胜出，将美国带入新的政治轮回。那些关于历史终结的伤心预言还离我们很远很远。

2016 年 2 月 15 日

论美国的不平等

皮凯蒂博客（piketty.blog.lemonde.fr）

眼下美国大选的初选工作正在如火如荼进行中，借此机会对美国人与平等思想的复杂关系做一番思考不无益处。这也可以算是在回答网友对我的专栏文章《桑德斯的力量》所提出的问题。

我们往往想象说，美国是一个对不平等无限度容忍的国家，而法国对平等思想的关注要超过任何国家。其实缪也。实际上，正是美国人最早在两次世界大战之间推出了高累进制的所得税与遗产税（紧随其后的是英国人），其税率之高不管是在法国还是在德国都从未有过，当然不包括个别短暂的特殊时期。先来看下图（见下页），它反映的是美国、英国、德国和法国在 1900—2015 年最高所得税率（就是对最高收入征收的税率）的变化情况。

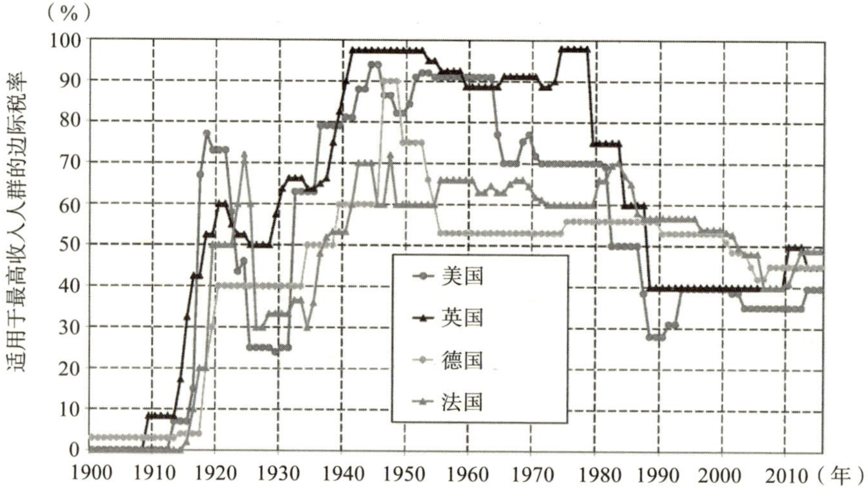

注：美国的最高所得税边际税率从1980年的70%下降到1988年的28%。

图4 1900—2015年最高所得税率变化

一个世纪以前，就在第一次世界大战前夕，各国几乎都还没有出现个人所得税。到了战争结束后的20世纪20年代初，税率开始迅速提高，并席卷所有国家。但相比之下，显然美国，随后是英国一直在引领这股潮流。在1930—1980年，美国对最高收入者实施的平均税率是82%，同期法国和德国的最高税率为50%~60%。相对于“一战”之前这已经可以说是一场革命，但与同期的盎格鲁—撒克逊国家相比只能算是温和的税率。

再看看遗产税的情况，差距要更大（见下页图）。美国和英国在这数十年间对巨额财产实施的遗产税率在70%~80%，而德国和法国在整个20世纪实施的最高遗产税一般在20%~40%。法国目前实施的45%最高遗产税率已经创下了历史新高，但相对于“二战”后在盎格鲁—撒克逊国家出现的高峰税率还是显得温和得多。

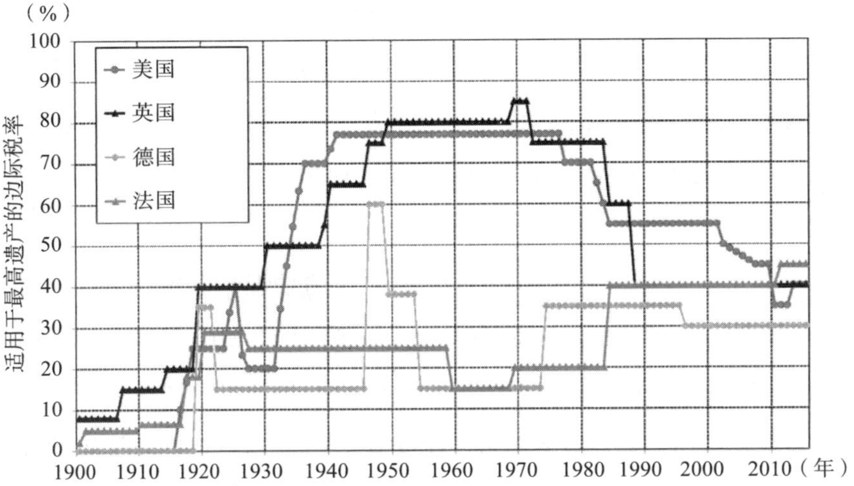

注：美国的最高遗产税边际税率从 1980 年的 70% 下降到 2013 年的 35%。

图 5　1900—2015 年最高遗产税率变化

为什么美国会在 20 世纪二三十年代针对不平等制定如此严厉的政策？原因就在于从 19 世纪末到 20 世纪初，美国人对于日益加剧的不平等现象越来越担心。经过漫长的国会讨论和复杂的程序后，美国宪法修正案最终获得通过，并于 1913 年首次设立联邦个人所得税，紧接着又于 1916 年设立了联邦遗产税。

欧文 · 费雪（Irving Fisher）曾经担任全美经济学家协会主席，如果我们重读一下他 1919 年在该协会年会上发表的著名讲话就能很清楚地看到，当时美国政府最大的担心是国家正在滑向类似欧洲的不平等体制。费雪并不是一位危险的左翼激进分子，他向自己的同行们解释说，美国的不平等正在日益加剧，财富也在以非民主的方式聚集，很快就要接近欧洲国家的水平，并且已经对国家和谐发展构成了最大威胁。由此他总结到，应该对巨额财产征收重税，比如对第一代继承人征税 1/3，对第二代人征收 2/3，对第三代人征收 100%。后来的税收政策几乎采取了一模一样的做法，因为全新的遗产税最高税率从 20 世纪 20 年代开始就跃升到 40%，1930—1940 年又继续上升到 70%~80%。

如果看看德国在 1946—1949 年出现的情况也很有意思。因为德国当时正处在美国的占领下，税收政策由同盟管制理事会（Allied Control Council）负责制定。该理事会实际上就在美国的控制下，因此也对巨额财产和高收入实施了高税率。另外，日本也出现了同样的现象，这一点从下面两张图中也可以看出来（图中日本的数据出现在其他 4 个国家的后面）：

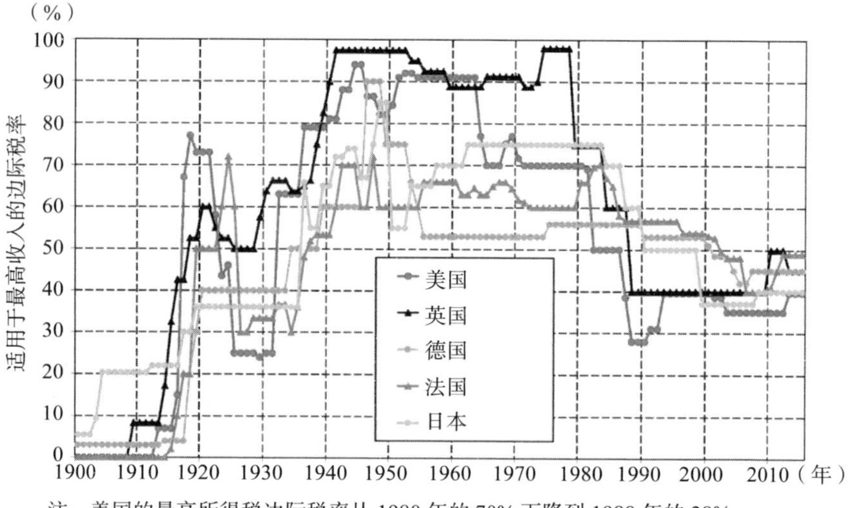

注：美国的最高所得税边际税率从 1980 年的 70% 下降到 1988 年的 28%。

图 6　1900—2015 年最高所得税率变化

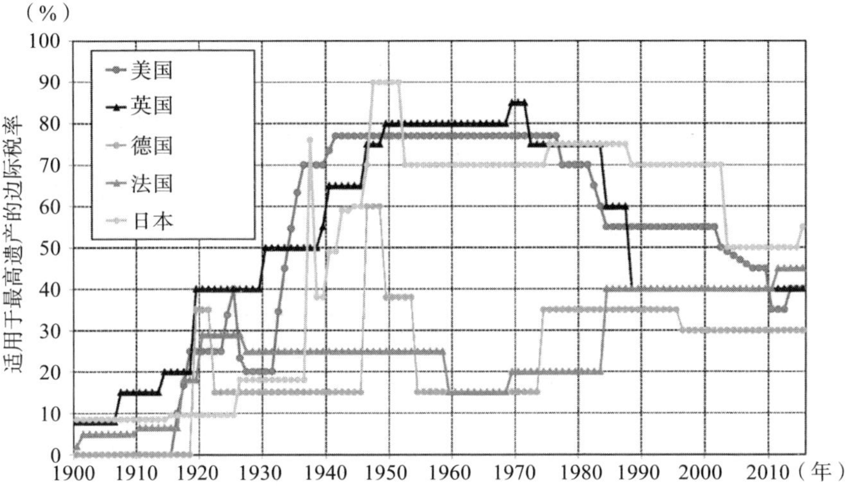

注：美国的最高遗产税边际税率从 1980 年的 70% 下降到 2013 年的 35%。

图 7　1900—2015 年最高遗产税率变化

在这里我想强调一点，战后美国在占领国推行如此高的税率绝对不是为了“惩罚”德国或日本，因为实际上美国人在本国也实施了完全相同的政策。也许这样的政策在今天看来有些令人惊讶，但当时的美国人确实认为，这恰恰是他们在占领国发挥教化作用的表现，也就是给这两个国家带来新的民主制度和税收制度，帮助它们避免财富过度集中，避免民主制度演变成财阀制度。

日本的遗产税在这方面也很值得一提。它一直保持在相对较高的水平，至少在名义上如此，最近一次是中右翼政府在 2015 年又将最高税率提高到 55%。

如果从更广泛的角度来看，当前是否出现了历史回潮的迹象？高累进的税收制度，也就是将近一个世纪前开始的潮流是否会卷土重来？毫无疑问，桑德斯在初选中取得了不凡的成绩，这反映出面对日益增长的不平等和克林顿与奥巴马之间的虚假政策更替，人们的愤怒情绪正在日益高涨。不过还需要经过大量的政治斗争，才有可能挡住私人资本对政治生活和媒体的逐渐控制，特别是在美国，但也不限于美国。

与 20 世纪初相比，21 世纪初的另一个根本区别在于，国家之间的税收竞争和金融不透明已经达到了前所未有的程度。在这种情况下，如果缺少适当的国际协调，要想恢复高累进制的税率必定困难重重。虽然技术上可行，但在目前情况下，这对于政治艺术和智慧都是极大的考验。

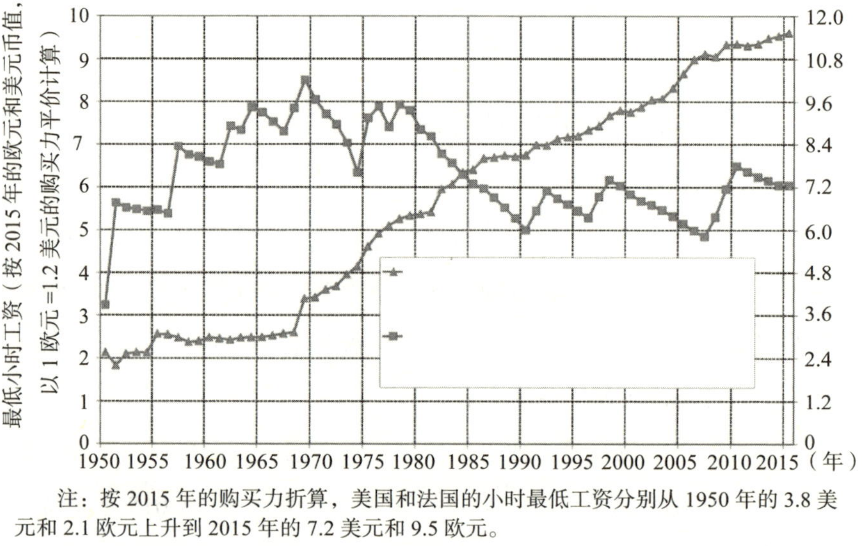

注：按 2015 年的购买力折算，美国和法国的小时最低工资分别从 1950 年的 3.8 美元和 2.1 欧元上升到 2015 年的 7.2 美元和 9.5 欧元。

图 8　1950—2015 年法国和美国的最低工资变化

再换一个角度看看如何减少不平等，也就是未来将发挥重要作用的最低工资制度。沿着罗斯福新政的脚步，美国在 20 世纪 30 年代设立了联邦最低工资，是当时法国最低工资的 3 倍。

在这方面也出现了自 1980 年里根当选总统以来的彻底历史回归。由于联邦最低工资没有设置根据通胀自动调整的指数化制度，所以长期未做调整。克林顿和奥巴马执政期间虽然出现过仅有的几次上调，但根本不足以补偿最低工资购买力数十年来被通胀侵蚀造成的损失。事实上，在半个世纪的时间里，购买力的绝对损失已经超过了 1/3，这对于一个处在长期经济增长中的国家而言不是个小数字。现在我们就能更好地理解为什么桑德斯会提出提高联邦最低工资了。

桑德斯提出的另一个关键议题是免费医疗和免费上大学。这个问题至关重要，因为教育方面的不平等现象已经在美国达到了闻所未闻的严重地步。从下面这张引自伊曼纽尔·赛斯（Emmanuel Saez）和拉伊·切蒂（Raj Chetty）研究的图中，我们可以清楚地看到，2008—2012 年，美国家庭父母收入与子女上大学的概率之间存在着明显的正相关性。

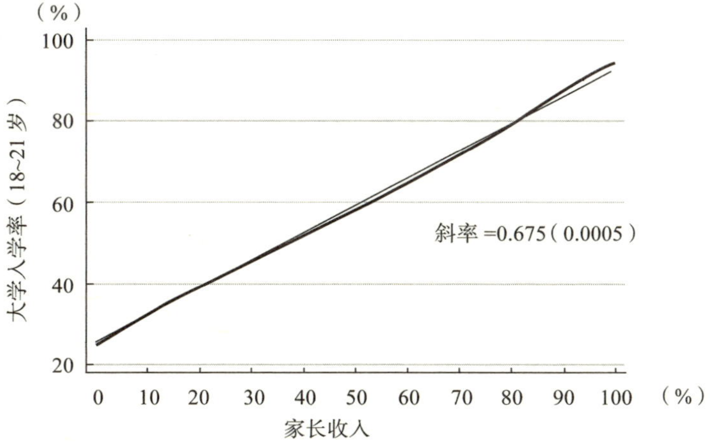

图 9　美国大学入学率与家长收入

图中接近直线的数据呈现几乎从 0 到 100% 的走势，从中可以看出，最贫困家庭的孩子上大学的概率刚刚超过 20%，而最富裕家庭的孩子上大学的概率则超过 90%。这张图反映出一条长期存在的鸿沟：一方面，社会精英和制度受益者总是有着丰富的想象力，不断用能力主义为自己的利益打掩护，但实际上他们在过去的一个世纪中已经在这方面取得了不可否认的优势变化；另一方面，普通民众和大多数人群正在经历着痛苦的现实。另外还要说明一点，那些贫困家庭的孩子虽然最终杀出一条血路后上了大学，但他们所上的大学与富裕家庭的孩子上的并非同样的大学。调查显示，哈佛大学学生家长的平均收入与美国最富有的 2% 人群的平均收入基本相符。当然有个别学生的父母并不属于这 2% 最富裕的人群，但他们的数量完全微不足道，而 2% 最富裕家庭的孩子和这 2% 的家庭又是那么吻合，以至平均下来好像所有哈佛学生都是随机从这 2% 家庭中选出来的一样。

这方面的改革阻力也将是巨大的，尤其是来自著名大学和精英人士的阻力，因为他们不想失去对大学录取程序的控制。平等享受教育的斗争毫无疑问是关系到未来的最核心关键之一，哪怕这是因为西班牙和非洲少数族裔占人口的比例越来越大，也更容易动员起来。它的重要性也许还远超税收进步和最低工资的问题，虽然这些不同领域的斗争可以也应该共同推进。

有一点是肯定的，尽管在最近数十年间美国的不平等已经远远高于欧洲，但美国人与平等思想之间的关系比人们一般想象的要复杂得多，而且在 21 世纪还将和 20 世纪一样继续发生让我们感到惊讶的事情。面对无法忍受的不平等现象，美国在 20 世纪创造了新的应对手段，也许在将来它还会继续这么做，现在还难以判断它会采用什么形式，但我们可以在展望这些问题的同时做好准备，因为历史绝不会这么快终结。

2016 年 2 月 18 日

悄然没落的大学

《解放报》

最近几任法国政府都对高校采取了放弃的政策，这种趋势虽然缓慢但可以很清楚地看出来。萨科齐执政时期是罔顾基本事实，高调宣传对高校科研投入的增加。奥朗德上台后采取了低调行事的办法，但高等教育被遗弃的事实依然没有改变，国家在高等教育方面的投入依然停滞不前，甚至有所下降。相比之下，同期美国、亚洲和欧洲其他国家的大学都出现了前所未有的繁荣发展。

在法国的一些大学，学生拥挤在超负荷运转的大教室里听着廉价的课程，有些大学甚至濒临破产，已经到了要靠停止供暖来平衡预算的地步。还有一些专业近年来出现生源逐渐流失的现象，说明越来越多的年轻人因为找不到工作已经失去了信心。只有一小部分大学生，通过高等专业学院某些专业的严格选拔，还能享受到校方提供的体面的学习条件。但这远远不够。为了让法国在21世纪的知识经济中重新夺回一席之地，就需要在培训和人力资本方面加大投入，而不仅仅是把钱花在一小部分顶尖的精英身上。

这种教育投入停滞的现象如果长期存在下去，很可能会成为奥朗德任期内的主要政绩败笔，也与历史的发展趋势背道而驰。

最令人难过的还在于，本来法国的高等教育总体成本并不高，不需要动用庞大的财政资金就可以扭转这一局面。看看几个主要数字就能明白了：2007 年，法国在高等教育和大学科研的总体预算投入略低于 110 亿欧元，而 2013 年才刚刚超过 120 亿欧元，就是说在此期间的名义增长勉强只够用来抵消通货膨胀的影响。

与此同时，国外大学却大肆招兵买马，加快发展，这使得它们原来就领先法国大学的距离越拉越大，也吸引着越来越多的法国教师、科研人员和大学生。

另外，这120亿欧元的预算涵盖了各个部委所属院校的所有经费，包括大学、学院和研究机构的工资，以及行政经费和科研投入等费用，总共占到国内生产总值（约 2 万亿欧元）的 0.5% 左右，大约占所有公共开支的 1%。而公共开支本身又占国内生产总值的 50%，约为 1 万亿欧元。其实，在几年之内从这么一大笔开支中挤出 60 亿欧元并不是一件太难的事，而这就足以让所有高等院校的资金增加 50%，让法国的高等教育迈出一大步，走上一条完全不同的发展道路。

再把这笔钱和另一笔开支做个比较，情况同样令人唏嘘。政府准备从 2012 年 1 月 1 日起提高增值税，为竞争力与就业减税优惠（CICE）所需的每年近 200 亿欧元寻找资金来源。此举意在根据企业工资总额所占比例减少企业的所得税负担，是政府试图增加法国经济竞争力的核心政策之一。减轻工薪所得税负担的想法本身并不坏，尤其是在法国这种税收和社保融资过度依赖劳动要素的国家。但这项措施显然还做得远远不够。

首先，应该直接降低雇主承担的社保缴费比例，推动社保融资的结构性改革。另外还要实施累进制的普摊税，这是根据个人收入水平让所有收入（包括工薪、退休金、财产收入，而不仅仅是私营部门的工薪收入）都纳入征税范围的唯一公正有效的方法。面对提出这一改革方向的议员，政府却草草以拒绝受理来应付，并将强调供给的社会主义与税收正义对立起来，这些其实都是错误的做法。只有把两种思路结合起来，我们才能摆脱当前的困局，迈出前进的步伐。

其次，也是特别重要的一点，就是不能将所有希望都寄托在降低劳动成本上。把两倍于所有大学总体预算水平的资金花在减税优惠上（设计得那么复杂，效率应该也不会太高），而且还冻结这些资金的使用，这种做法能说合理吗？答案显然是否定的。从长期来看，只有依靠对教育和创新的投入才能改变一切。如果大学陷入崩溃，国家想要振兴生产部门是绝对办不到的。

2013 年 11 月 18 日

从小学到大学：缺乏透明度和平等的法国教育

《解放报》

法国的教育体系是否一无是处？当然不是，但它比一般人所想象的要更加不平等。各国国民常常会不顾事实，对自己国家的教育模式保留着一份特殊的情感。法国的教育制度确实有许多独到之处。总体而言，小学和中学阶段的基础条件很好，依靠国家制订教学方案和竞争选拔录用的制度也让很多国家羡慕不已。而高等教育体系尽管多年来资金条件捉襟见肘，依然难能可贵地一直在培养更多的青年才俊。这套体制之所以今天会遭遇瓶颈，首先是因为有人长期以来拒不承认它所造成的不平等，也拒不阐明如何减少不平等的具体目标，更谈不上提供解决这些问题的手段，以民主的方式来评价目标实施的结果。

根据国际学生评估项目（PISA）的调查，在法国所有 15 岁中学生当中，最富有和最贫困人群之间的学业成绩差距名列发达国家前列。尽管这种比较存在不完善之处，我们还是希望它能起到提醒的作用，促使我们去找出教育体制出现偏差的原因。

缺乏透明度的情况在教育优先区制度上表现得尤为明显。从20世纪80年代建立以来，这一制度经历了90年代的发展，进入21世纪后开始声名鹊起。虽然一直都在实施当中，这套制度却从未采用量化的方法界定，既没有明确实施教育优先排序所必需的标准，也没有提供相应的实施手段。现实中尽管班级之间存在细微的人数差别（区内的班级人数比区外少大约两人），但由于分配到教育优先区的往往是缺乏教学经验的教师，两相抵消后，办学条件最好的学校花在每名学生身上的教育开支反而更高。这就导致最薄弱学校的学生从一开始就处于机会不平等的弱势，结果与最初公布的目标完全相反。

缺乏透明度还表现在教师薪酬制度以及对教育开支不平等的影响方面。法国的教师资格制度本身并不坏，但一旦条件最好的高中集中了大量有职衔的老师，最终就会导致用于家庭条件好的学生身上的开支也更高。高等专业学院预科班的教师也面临着同样的问题。由于他们的教育程度普遍较高，往往收入也接近甚至在某些情况下还会超过一般的高校教师。不过在把矛头转向这些教师群体之前，财政部和审计法院的高官们最好还是先看看自己拿了多少奖金。他们的薪酬不但优厚而且更缺乏透明度，也需要摆上台面来重新制定标准。当然，预科班教师的薪酬制度确实缺乏透明度，而且有些薪酬的区别其实并没有什么道理。

高等教育体系由于高度分层也同样缺乏透明度，显失公平而且还很虚伪。今年夏天，议会投票通过了一项修正案，理论上允许每所高中最优秀的学生自主选择就读的高校专业。问题是没有制定配套的手段，无法对这些政策的实施开展监督，也无法冷静地分析社会不平等对上大学的影响，更不用说制定规则来使这套制度更加民主。著名的大学志愿申报软件（Postbac）上每年都有成千上万的高中毕业生在提交申报志愿，但这套软件的运行却完全不透明，而且没有经过任何形式的评估。

不过进步的希望还是存在的。近几年来，巴黎的初中毕业生在升入高中时也采用了电脑软件派位的形式，使得局面大有改观。享受奖学金的学生的加分与他们在初中获得的成绩一起进入系统，使得那些家庭条件差的学生进入优秀中学的机会大幅增加。这套制度避免了学校高层的不当决策或家长的势力影响，毫无疑问是民主进步取得的胜利。系统不仅能反映奖学金的加分，而且还能反映社会条件的加分，如果在巴黎最著名的两所高中实行这套系统，它就有希望得到全面推广。特别是在高等教育中也可以采用相同的逻辑。这些经验表明，法国的教育体系也可以做到在保留特色的同时实现透明和平等的目标。

2013年12月16日

第四部分

我们该如何征税

制定一套适用于所有形式收入、采用统一方法征收的累进税收标准才是未来全面改革的更好办法。采用累进制普摊税的办法，既能实现高效征税，又能体现出收入分配的公正性，是替代社会增值税的唯一可行方案。

“贝当古事件”给税收的启示

长久以来，莉莉安·贝当古仅仅是法国首富。而在她女儿对她提起了诉讼之后，她所代表的意义就不只于此了。以某种极端的方式来看，这一事件事实上十分明确地体现出20世纪财产和财产继承面临的一些颇为尖锐的问题。我们来回顾一下。莉莉安，87岁，欧莱雅集团继承人，同意将相当于其全部财产（150亿欧元）的10%，即十多亿欧元的财产赠予一位61岁的摄影师朋友。她的独生女儿弗朗索瓦兹，58岁，指责其母亲放任过度，认为她“极度脆弱”。而莉莉安本人认为自己很清醒，并且对其女儿通过法律途径强加给她的医疗鉴定表示无法忍受。加之她们两个人都是巴黎CAC40指数[①]领军企业欧莱

① 巴黎CAC40指数（Cotation Assistée en Continu 40），由40只法国股票构成，由巴黎证券交易所以其前40大上市公司的股份来编制。该指数从1988年开始发布，反映法国证券市场的价格波动。——编者注

雅董事会的成员，因此当然不可能在这里讨论她们的精神健康问题。但能够注意到的是，这和第三年龄段的内部斗争十分相似，从某种程度上讲是老年人的事情。事实上，财产在法国一直在老化，当然，这是预期寿命延长的结果，但也与近30年来资本收益明显超越生产增长和股票收入增长速度有关。更为严重的是，这一发展趋势在劳动收入背负压力增大的情况下继续恶化，这意味着不能依靠工作收入积累财富，人们的储蓄能力也受到了限制。同时，遗产多次享受了减税政策，无论是遗产转移（继承、赠予），还是在财产收入流（分红、利息、租金、剩余价值）方面。从这一角度看，2007年投票通过的与恢复劳动价值口号完全相悖的大幅下调遗产税的决定，是一个十分错误的决定。更何况政府不但取消了这一强制政策，还在大部分情况下降低了承诺给事先捐赠的优惠力度。综合所有迹象来看，2007年这些措施的主要影响是加速目前财富老化的速度。“贝当古事件”还体现出遗嘱自由的问题，也就是将财产遗赠给某人的自由。在《拿破仑民法典》中，遗产继承的规定很严格。无论子女与父母的关系如何，无论财产的数量是多少，子女都有权享受“遗产保留部分”。父母无法自由处置被称为“自留份”的部分，一个子女为财产的50%，两个子女为财产的33%，三个及其以上子女为财产的25%。换言之，一个积累（或者自身继承）了100亿欧元财富的人，只能将不到50亿欧元的财产留给他的独生子女，或者将75亿欧元留给他的三个孩子（平均分配）。在目前情况下，莉莉安·贝当古遵循了这一规则。但是，就算不提及其健康问题，她的女儿也能够合法阻止其像将大部分财产捐给基金会的比尔·盖茨一样行事。另外，法国遗产税在自留份部分上的税率十分高，目的在于为子女继承提供优惠，同样是无论数额多少。是否应该取消所有这些，然后实行像英国那样的自由遗嘱体制呢？这个选择是很有诱惑力的，更何况这一体制在大多数情况下可实现子女之间遗产继承的分配平等，从而使大额财富实行捐助成为可能。在这一点上法国体制还不健全。同时，《民法典》关于保护无继承权子女和阻止父母滥用权利的规定会随着第四年龄段的发展而加强。类似于“贝当古事件”的情况可能会增多。至少，遗产保留部分机制可能会达到极限。除了达到某一水平的财产，关于为什么法律应该限制父母将子女变为食利者的理由并不明确。

2009 年 9 月 8 日

莉莉安·贝当古缴税吗?

除了和当局利益冲突这个简单的问题之外，莉莉安·贝当古事件十分完美地诠释了现代社会许多最基本的问题：富有群体的老龄化、遗产重要性的增加，这一漫长发展重新牵扯到理想的能力主义社会，另外还有税收体系的极其不公正。“只有在公共利用上才能显示出社会差别。”《人权宣言》第一条提到。莉莉安，这个80多岁的老人，和她50多岁的女儿弗朗索瓦兹掌控着欧莱雅的资产，并且在对法国经济和社会影响甚小的董事会中占有一席之地。她们不是企业家，不是靠工资谋生的人，更不是像拾荒者一样努力工作的人，而是继承者。在比例税体系下，也就是说在公正有效的、建立在公共效用基础上的税收制度下，她们无论如何都应该被课以重税，从而促使她们把股权一点点地卖给没有她们富有但是更有活力的股东。

然而结果恰恰相反。当然，莉莉安曾宣称她在10年间支付了总共3.97亿欧元的所得税和财富税。但她并没有察觉到，她对我们说的税率大大低于欧莱雅员工缴税的税率，也低于那些只靠工作谋生的人。按照杂志上所说的，她的财产大约有150亿欧元。由此可见，她支付了相当于其财产2.5%的税款，也就是每年0.25%。假设她的财产每年带给她平均4%的收益，那么每年0.25%的税款对她来说没什么了不起的。这意味着10年间的平均缴税税率不超过她年收入的6%（4%的6%等于0.24%）。这怎么可能呢？并且在这种情况下，莉莉安·贝当古是如何享受税盾的呢？很简单，因为税盾使用的缴税收入跟实际的经济收入不是一回事。税盾由意识形态决定，有可能也是因为无能，被当局指定作为一个补贴工薪者的机器。假定莉莉安公布了150亿欧元的财产税，原则上讲，她应该每年支付其财产的约8%名为财产团结税的税款，也就是每年2.7万欧元的税款。以4%的收益来计算，她的财产可以带来每年6亿欧元的实际经济收入。但是莉莉安并不需要这些钱。为了付钱给她的管家、女仆等，她可能只需要支付管理着她财产的克莱美公司收益的年分红的1000万欧元。在这种情况下，税收机构认为她的纳税收入为1000万欧元（而不是60亿欧元）。承担收入的40%的税收，是400万欧元，莉莉安于是总共缴纳了2.74亿欧元税款，也就明显多于她1000万欧元纳税收入的一半。这是极不公平的。人民运动联盟的负责人衷心地向我们解释道：莉莉安每年为纳税机构工作超过了6个月！是的，莉莉安的工作很艰苦，所以她有权利享有税盾，也就是说，一张价值2.69亿欧元的支票。总的来说，这张支票退还了她的财产团结税。

这是十分合法的，世界上的“莉莉安”都会发现自己每6亿欧元的收入都要支付 500 万欧元的税，也就是低于 1% 的税率。自然而然地，一个工薪人员越富有，他的纳税收入就越不重要，折扣就越高。事实上，这是多美好的发明。在这种情况下，贝当古女士收到了一张只有 3000 万欧元的税盾票，也许是因为她给财产团结税声明的纳税的财产不超过 10 亿或 20 亿欧元，她剩余的财产要么在避税区享受着职业财产名目的保护伞，要么被声明是她女儿的财产（她女儿自己也许也是税盾的重要成员）。一切都已经被安排妥当。

2010 年 7 月 13 日

社会普摊累进税还是社会增值税（社保附加税）

《解放报》

根据所有可能分析，政府将会在明天的就业会议上宣布削减社会分摊金，相应增加增值税和社会普摊税社保缴费额的举措。如果按照法国企业运动（法国企业家类似工会的组织）之前提出的方案进行改革，便意味着可能要将大约 500 亿欧元雇主分摊金的社保缴费额转移给增值税（旨在缩减用工成本），而超过 200 亿欧元雇员分摊金的社保缴费额将会被转移给社会普摊税（目的是在大选前夕提高净工资额，并更好地缓解增值税率提高带来的问题）。

面对这最后时刻的挣扎，左派不能仅仅满足于谴责总统候选人做好一切准备以捍卫自己宝座的所有可能的动作。社会保障的资金来源就是一个亟待解决的问题。反对派应该抓住这次机会解决近半个月以来的财政问题，并且向民众表明自己已经做好执政的准备。当然，这需要提出详细且比现任政府更加公正、有效的反对提案。

那么，问题在哪里呢？问题就在于我们的社会保障制度过度依赖在单纯工资收入里扣除的分摊金。这一资金来源用于支付替代性收入（退休金和失业补助金）是合理的。但是，法国的特殊情况在于还将分摊金用于社会开支（比如有医疗保险和家庭政策）。雇员分摊金用于医疗保险和家庭津贴的部分从1990年起逐步被社会普摊税代替，这一矛盾得以部分缓解。社会普摊税这种征收方式的优点在于其着眼于所有收入形式，从而保证了很好的征收效果：每年大约125亿欧元（私营部门工资收入55亿欧元，公共部门工资收入20亿欧元，个体经营者收入10亿欧元，替代性收入30亿欧元，财产收入10亿欧元，包括利息、红利、房租收入）。如此，工资收入的分摊压力得以缓解。

然而，占据最大比重的雇主分摊金部分还没有实质性的变革。目前雇主分摊金的缴纳比例是工资总额的18.2%，其中12.8%用于医疗保险，5.4%用于家庭津贴。如果将各式各样名头的征收款项（比如用于建设、培训还有其他不应该仅仅依靠工资收入的各项支出）计算在内，雇主需要承担的分摊金比例将超过20%。

可想而知，我们要想将如此巨大规模、超过1100亿欧元的分摊金（相当于所得税收入的两倍）转移到增值税收入上是根本不可能的。除去那些关于这一转移不合理的没什么新意的论据，需要强调的是增值税的基数是有限的（每个全额征税点不到60万欧元，是社会普摊税的1/2）。优惠增值税率（代价巨大但适用范围并不明确）的存在和许多消费行为无须缴纳增值税的事实都在一定程度上限制了增值税基数。另外，最富有的阶层只将他们收入的一部分用于消费，这也可以解释有限的增值税基数。法国雇主联合会早先的方案中指出，需要把增值税全额税率定为25%（优惠税率为12%），从而支付2.1个百分点的医疗保险分摊金和5.4个百分点的家庭补贴分摊金，也就是总共接手7.5个百分点的雇主分摊金。要想转移总共18.2个百分点的社会分摊金，就需要将增值税率定在35%以上！这样一来，由于所有的间接税在分配上都不明确，而且并不会使低收入群体得到特殊照顾，因此购买力受到的冲击将会比增值税更大。社会增值税根本无法应对这一挑战。

社会普摊税可能是对雇主分摊金进行大规模改革绝佳的工具。不过需要建立在两个前提下。首先，要以法律形式强制雇主增加现有雇员的净工资额，上调金额与分摊金下调数额相应。随着劳动力成本的降低，对于给定的工资总额，将用于新员工招聘和工资增长，但同时应当保证在职员工的知情权。其次，最终必须建立起真正的社会普摊累进税制度。长期以来，我们意图回避真正的问题所在，而停留在对低收入群体专门机制的小修小补。比如，低于一定税务收入的退休金和失业补助金可被免除社会普摊税或是以优惠税率缴纳；低工资收入者可以就业津贴的形式获得50%~75%的社会普摊税返还（返还行为有一年的滞后期）。目前需要的是一个对各种收入形式一视同仁的真正的累进税率。例如，想要获得120亿欧元的收入，可以对所有收入形式实行1%的税率；也可以实行累进税率：月工资收入总额低于2000欧元的税率为0，2000~4500欧元为1%，4500欧元以上为2%。鉴于其能够平衡征收效率和分配公平，社会普摊累进税是替代社会增值税唯一可靠的选择。

2012年1月17日

用累进普摊税取代社会增值税

《解放报》

就目前来看，本届政府很可能在明天召开的劳资谈判协调峰会上宣布，将社保融资方式从目前单一的社保缴费大规模转向增值税和普摊税混合并行。如果政府延续雇主协会去年11月提出的思路，按照新的改革方案，很可能把原来雇主承担的500亿欧元社保缴费转成由增值税替代，从而降低企业的劳动成本，再把雇员承担的超过200亿欧元社保缴费转移到普摊税上，这样就可以在大选开始前造成加薪的事实，让提高增值税的改革“药方”更容易获得通过。面对右派政府最后关头抛出的这一激进方案，左派当然不会满足于仅仅批评两句，把有意竞选连任的萨科齐简单地说成是为了守住总统宝座在病急乱投医。实际上，社会保障体系的融资改革才是真正的大问题。在野的左派势必会抓住这一难得的机会，好从最近两周来乱哄哄的税制改革争论中摆脱出来，拿出比右派更公正、更高效的精准应对方案，向国人显示自己已经做好了上台执政的准备。

社保改革究竟有何玄机？众所周知，法国的社保体系融资长期依赖工薪缴费。这对于解决替代收入（比如退休金、失业保险）的融资问题倒还说得过去，但法国的特色就在于社保缴费还要同时为社会性保障开支提供融资，比如医保和家庭补助。虽然现在医保和家庭补助依赖工薪社保缴费的问题已经部分得到了解决，因为从 20 世纪 90 年代开始，这部分缴费已经逐渐被普摊税取代。后者的好处在于它来源于多项收入，收益更高：每提高一个点就可以带来将近 125 亿欧元的收入，其中私营部门 55 亿欧元，公共部门 20 亿欧元，非工薪收入 10 亿欧元，替代收入 30 亿欧元，还有财产收入 10 亿欧元，如利息、股息、分红和租金等，足以减轻对工资水平产生的压力。[①] 但问题最关键的部分，也就是涉及雇主承担的社保缴费转移支付问题，却丝毫没有触及。目前，在雇主负担的社保缴费中，12.8% 用于医保融资，5.4% 用于家庭补助，总共占税前工资收入的 18.2%，如果算上以建房、培训等名目融资而提取的各项费用，占比更是超过 20%，而所有这些缴费只靠工薪来负担毫无道理。可以想象，政府要把如此巨额的社保缴费融资（超过 1100 亿欧元，相当于个人所得税的两倍）转移到增值税上是根本不现实的。除了大家都会提到的不公平一面外，这里还应该强调一点，即增值税的征税基础很小（正常税率下提高一个点只能带来不到 60 亿欧元的收入，只有普摊税的一半），原因在于存在优惠税率（尽管针对性很强但代价也很高），以及大量规避增值税的消费现

① http://www.revolution-fiscale.fr/annexes-simulateur/Donnees/pdf/CSG1.pdf.

象（尤其是在房地产服务和金融服务领域），况且最富裕的人群经常只拿出很少比例的收入用来消费。

按照法国雇主联合会的思路，应该把增值税的正常税率提高到25%，把优惠税率提高到12%，为雇主承担的各项社保缴费提供相应的资金，其中医保缴费转移占2.1个百分点，加上家庭补助缴费转移的5.4个百分点，一共是7.5个百分点。如果要完成总共18.2个百分点的转移支付，更是需要将增值税税率提高到35%以上！由于增值税和所有间接税一样在分配上不具有指向性，不可能专门对低收入人群网开一面，这就使得民众购买力受到的改革冲击很可能被放大。简单来说，社会增值税的办法解决不了根本问题，而普摊税才是未来雇主缴费全面改革的更好的办法，但这需要满足两个前提条件。

首先，必须通过立法强迫雇主提高员工的税前工资，增加的幅度相当于社保缴费降低的金额。相对给定的税前工资，只有在企业雇用新人和加薪的情况下劳动成本才会降低，而对那些已经有工作的人劳动成本并不会发生变化。其次，要设立一种真正的累进制普摊税。过去长期的做法都是在为低收入者专门设计一些打补丁的方案，回避了本质问题。养老金和失业补助低于一定标准的人可以免缴普摊税或按照优惠税率缴纳，而低工资的人可以通过领取从业补助金，（延迟一年）拿回相当于普摊税一半到3/4的补偿。所以应该制定一套适用于所有形式收入、采用统一方法征收的累进税收标准。比如，要想保证得到和原来一样的120亿欧元的收入，要么对所有收入人群征收1%的税，要么采用累进税率，对每月税前收入低于2000欧元的人群免征，而对于收入2000—4500欧元的人群征收1%，收入超过4500欧元的人群按2%征收。采用累进制普摊税的办法，既能实现高效征税，又体现出收入分配的公正性，是替代社会增值税的唯一可行方案。

2012年1月17日

加油，国际货币基金组织！

《解放报》

国际货币基金组织在最近的一份研究报告中竟然开始为累进税摇旗呐喊，甚至还建议有关国家采取对私人财产征税的办法来降低债务水平。这想法真是不错！只是如此这般的华丽转身总显得有些不自然。我们还是先搞清楚国际货币基金组织到底在建议什么、不建议什么，还有这一切的来龙去脉。

数十年来，国际货币基金组织一直在处心积虑地诋毁累进征税的原则。在它干预过的所有国家中，它都提倡应该对消费行为征收非累进税，即统一税，就是对各种收入的人群采取同样的税率，包括低收入者和高收入者。它还到处解释说，对收入较高的人群征收重税的做法会对经济增长产生有害的作用，应该予以摒弃。从历史的角度来看，这种说法其实并没有什么说服力，因为在1950—1980年，也就是当西方各国经济进入前所未有的高速增长时，累进税也同样达到了历史最高水平，尤其是在美国。

现在虽然国际货币基金组织的大部分高管依然领着 30 万 ~40 万美元的优厚年薪，而且心里很坦然地不上一分钱的税，但他们的脑子里还是充斥着原有的意识形态观念，而且继续信誓旦旦地说，应该优先采用提高增值税和降低社会开支的办法来平衡预算。他们还总是为那些旨在掏空企业所得税实质内容的改革辩护，包括针对股票名义利息的减税优惠改革。不用说，新报告发布以后，国际货币基金组织的高管们都在私底下恨得牙痒痒，要想让他们转变旧有的思维方式还有很长的路要走。报告中还提到，如果恢复实施 20 世纪 80 年代的累进税制，美国目前的财政赤字有可能会减去很大一部分，这种观点对国际货币基金组织自身来说，也是迈出了历史上的重要一步。

累进所得税的战役还远没有取得最终的胜利。在各方力量初次交锋的背后，另一场智慧和政治层面更重要的角逐也随之浮现。这次是针对财产的累进税。国际货币基金组织不无道理地强调说，发达国家的公债问题眼下看来难以逾越，但如果与这些国家的富裕家庭所持有的巨额私人财富相比根本就是九牛一毛，特别是在欧洲国家。富人的世界永远是纸醉金迷，穷的只是他们的国家。国际货币基金组织对欧洲提出的建议是对私人财富征税，收入用来降低公债水平，其优点就在于打开了一个以往所有人都不敢涉足的禁区。从这里也可以看出，国际货币基金组织在面对当下危机时有些自乱阵脚。此前它就未能预测出 2008 年的金融危机，现在又发现财政紧缩的政策不但不能重振经济，反而起到了延长衰退的作用。照此趋势下去，要想让各国债务恢复到 2007 年的水平大概还需要几十年的时间。

不幸的是，事情现在正面临着中途搁浅的风险。问题出在国际货币基金组织走的并不是一条针对资本征收累进税制的大路。报告中确实提出了针对最高财产征税的可能性。但它似乎更倾向于采用针对所有私人财产的统一税方案，起到的作用就相当于一台提款机，不管是对中小储户还是殷实的金融资产账户统统采用同样的税率，这根本起不到任何作用，最后只能造成大家对政策的反弹。2012年春天塞浦路斯危机爆发时，欧盟当局和国际货币基金组织也支持采用这种方案，最后的结果大家都看到了，但国际货币基金组织的报告中对此却只字未提，连细节也找不到。考虑到资本高度集中的特点，对财产的征税标准必须采用较高的累进税制，甚至要超过所得税的累进比例。

不过这种累进税制需要很高的国际金融透明度和各国之间的配合，但报告中却极少提到这一点。更令人遗憾的是，由于没有提出明确的税收目标，目前围绕避税天堂的各国谈判最终很可能会走进死胡同。采用银行信息自动传输的办法，目的在于掌握不同国家和个人的金融资产及不动产情况，从而可以对个人净资产征收累进税。

我们不妨设想一下，如果欧盟委员会和成员国财政部的官员不像国际货币基金组织的官员那样拖拖拉拉（先是在税收政策方面长期鼓吹极端自由主义，后来虽然调转船头却改革迟缓），而是决定抢先一步提出自己的方案；如果欧洲的政治家们，尤其是法国和德国的领导人，也最终敢于承担起责任，那结果又会怎样？

2013年10月21日

税收改革的四把钥匙

在不到两周的时间里，大约有 20 万人登录 revolution-fiscale.fr 网站，超过 35 万次以模拟的方式进行税收改革。超过 35 万次，网站访问者们修改了税率和起征点，希望了解他们的模拟改革对预算赤字、社会不平等现象等会产生怎样的影响。这表明了民众对于详细且数据充足的税收辩论的关注度。

问题是，政治领袖们在税收问题上通常都遵循一些大原则，但实际上几乎没有什么举措，这就是在竞选之后没有进行根本的税收改革以及我们的税收体制中充斥着小修小补痕迹和避税港的原因。因此，社会党领导人们假装在所得税和社会普捐税合并问题上持赞成态度。而实际上，没有人对这一合并的原因和方式进行说明：个人预扣制的社会普捐税是否应该将家庭申报制的所得税收入包含进来，或者反之。我与卡米尔·朗代、伊曼纽尔·赛斯提出了一个详细的解决办法：

将所得税收入包含到社会普捐税中，但要实行累进税率。这是我们认为避免遇到阻碍的最佳方案，目前的所得税制由于过多的避税港和过于复杂，已经无药可救，应该取消这一税制。每个人能可以提出其他解决办法，只要这一办法详尽且有数据说明。

第一个难点：预扣。在我们看来，那些打算合并所得税和社会普捐税对税制进行改革但在预扣制方面没有作为的政治领袖们没有丝毫的可信度。我们的所得税收入只有国民生产总值的2.5%，是其他欧洲国家的1/3~1/4（这些欧洲国家几十年来都采用预扣税制），是社会普捐税收入的1/2，是增值税和其他消费税的1/4（均为预扣制）。不觉得这一税制快无药可救了吗？难道要等到所得税收入降低到不到国民生产总值的1%时才正视这一事实吗？另外，预扣税制可以简化纳税人缴纳手续并避免缴纳延迟。在现有税制下，工资收入为SMIC（法国最低工资标准）的员工们首先要被预扣一个月的工资用于缴纳社会普捐税，并在一年后收到相当于半个月工资的就业津贴，这合理吗？

第二个难点：个人化。合并后的税收将会以个人（像社会普捐税一样）或者夫妻（像目前的所得税一样）为单位进行计算，我们需要做出选择，否则何谈合并？我们支持个人化，这样可以避免关于私人和家庭生活不同形式的政治分歧。社会党领导人中就存在分歧。弗朗索瓦·奥朗德似乎更倾向于夫妻商数（已婚夫妇或同居伙伴征收两个部分），而玛蒂娜·奥布里和赛罗琳娜·罗亚尔似乎对有利于男女平等的个人化表示支持。希望他们的立场在初选中能更为详细和明确，从而使社会党在2012年拥有明确的执政计划。

第三个难点：家庭政策。我们建议用税收抵免体系代替家庭商数。无论父母收入如何，对所有孩子都一样。在保持和家庭政策预算相同的情况下，95% 的家庭将会从实际上使家庭补助金从第一个孩子就开始的改革中获益。而 5% 的富裕家庭则会马上有所损失，但至少能使我们放弃对他们享有的家庭补助金设置上限的想法。当然，一些人更愿意保持现状。无论如何，都要结束了。

第四个难点：税率表。对大多数法国人来说，萨科齐的执政特点是为富人提供税收优惠政策。但是，如果右派能够使人们相信其反对派要对中产阶级进行打压，那么左派可能会因为税收问题而失败。唯一的解决办法是采用完全透明的税率表。我们建议降低个人月总收入 7000 欧元以下的税负，并有限度地增加月总收入超过 8000 欧元人群的税负。我们不认为这一税率表尽善尽美，但这是展开辩论的基础。如果左派不提出具体的、数据详尽的措施，他们很可能会功亏一篑。

2011 年 2 月 8 日

下调愚蠢的税收！

揭露某种税收的愚蠢性很容易，原因也很简单：所有的税收或多或少都很愚蠢，因为它们向那些最好不要征税的人或者经济活动征税。政治领袖宣布取消一项愚蠢的税收，试图为那些大家认为理所应当的开销买单，比如教育、医疗、公路、退休等，而上马新税种之后又使情况变得复杂起来。这一行为可能会很危险，尤其是在税收方面。最近关于职业税收的争论很好地印证了这一残酷的现实。

让我们来回顾一下。职业税目前以企业使用的资本价值（建筑、机器、设备）为基础。截至1999年，许多报告显示工资收入税负过重。多米尼克·斯特劳斯－卡恩为缓解税收系统失衡问题而取消职业税中的工资收入，而在这之前，职业税还曾经以工资总量为基础。总的来看，我们发现税收要么以生产因素（资本或劳动）为征收基础，要么以消费为征收基础。如果税收以资本为征收基础，它要么从固定资产中征收（像职业税一样），要么从这一资本产生的收入流（如利润、红利、利息、租金）中征收，比如有利有弊的企业所得税。

我们还需要注意的是，由企业来支付的税收是不存在的：所有的税收最终都是由家庭来支付的。在这个世界上，不存在除了活生生的纳税自然人之外需要纳税的人。企业在操作上支付某些税收，也就是将支票寄给税收管理机构的事实，并不能说明它们是税金最终的缴纳者。企业不可避免地可以回收所有付出的钱，要么通过员工（减少工资），要么通过股东（减少分红或减少股东名下的资本），要么通过消费者（提高价格）。最终的税收组成不能通过肉眼辨别，但所有的税收都会以这种或那种方式转移到生产因素或者消费者当中。比如，企业支付按照工资总量计算的社会分摊金。人们普遍认为这一税收主要由工资收入支付，而如果不支付这一税收，工资收入会高一些。

再举一个例子，企业每个季度都会开具用于支付增值税的支票，增值税通过企业总销售额减去企业消费额计算得出。这一差额被称为“附加值”，相当于企业可用于支付劳动报酬（工资）和资本报酬（利润）的数额。然而，有时候人们认为增值税全部被附加到价格上面，这是错误的。像所有的税收一样，增值税一部分由生产因素支付，一部分由消费者支付。根据特定领域内的竞争情况和协商能力不同，支付的比例也不同，正如最近酒店和餐饮业的情况一样。

我们回到职业税的话题上来。在提出的改革中，职业税将会从附加值（工资和利润）中征收，而不仅仅是资本。

与 1999 年的改革相反，这次的改革会造成资本税负的减轻和劳动收入、消费行为税负的增加。本来保留现有税收基础的做法是合理的，因为这对于地方行政区域来说更为容易确定，而且与利润相比更为稳定，只需重新评估企业建筑和设备的价值，和其余地方税收一样，但这些价值从20世纪70年代开始就没有被重新评估过。在税收哗众取宠的把戏中，这是少数存活下来的税收基础。

2009年11月3日

实现财产税和平商讨的条件

财产税问题经常引起思想上的不理智。比如，最近100位人民运动联盟的代表在公共财政危机的背景下提出取消财产税，这意味着政府将失去超过30亿欧元的税收收入。具体来说，就是在大家不知道该如何偿还巨额公共债务的情况下，国家将一张价值30亿欧元的支票开给了法国2%的最富有群体。这个问题需要思考。

很遗憾这场辩论只局限在这些政客中间。对遗产的直接征税，作为公正有效的税收制度的重要组成部分，在所有发达国家中扮演着意义重大的角色。这种税收经常以土地税的形式存在，征税力度明显比法国要大很多。法国的财产税想要以同样的方式对待所有类型的遗产，并且实行累进税率，体现了该财产税的公平。这样一项税收当然不应该被取消，相反，它可以在和平商讨的前提下得到改革和完善。让我们尝试着为此做出努力。

根据法国国家统计与经济研究所以及法国银行的数据，法国家庭目前拥有价值大约9.2万亿欧元的房地产和金融财产（除去债款的净资产）。法国人的财富在2008年达到9.5万亿欧元，这是“美好年代”（1900—1910年）之后法国人持有遗产数额达到的最高水平，之后就开始缓慢减少，但一直保持相当于6年的国家收入的水平。相比之下，1980年的数额不到4年国家收入，而1950年的数额则不到3年国家收入。对比来看，工资、收入和生产在过去30年间的增长速度十分缓慢，而且这种情况很可能会继续下去。在这样的背景之下，从减轻劳动缴税负担的层面考虑，增加继承财产对税收收入的贡献并非不合逻辑。

在法国家庭持有的这大约9万亿欧元的继承财产中，目前大约有10%被作为财产税征税对象进行申报。理论上来讲，拥有遗产额超过79万欧元的家庭大约有50万户（占总人口的2%），被认为已经申报了他们所有的房地产和金融资产（除去债款之后的净资产）。而实际上，多项例外的规章制度使得已申报财产额明显低于实际情况，这些规章制度包括主要住宅30%的减免，多个避税区的存在，尤其是免除一些被称作职业财产的税收，这些对于持有大额财产的群体来说是一笔可观的数目，也取决于财产持有者是否从事了职业活动。一个著名的例子是，莉莉安·贝当古宣称其拥有150亿欧元的继承财产，但是，她只申报了10亿或者20亿的财产税，而且看起来是完全合法的。结合不同的资料看，我们可以估计出，财产税的纳税人实际应课税金额大约为2.5万亿欧元，也就是约为法国人总财产的30%。

不管怎样，事实是财产税税收收入勉强超过9000亿欧元应课税财产的 0.3%。声称这样的征税会抹杀公司的精神并且威胁国家的经济平衡，这是完全不严肃的。同样，认为这样会导致大规模迁移行为的想法也是不严肃的。由加布里埃尔·祖克曼搜集的数据表明，财产税申报金额在 1990—2000 年增长幅度相当大，而这和税收基础流失的假设产生了冲突。财产税不能成为一个强加于并不富有的、对于拥有一套公寓已经不堪重负、生活在巴黎的管理层人员的税收：低于 1300 万欧元的应课税资产目前缴纳的税款不超过财产税收入的 10%，高于 7500 万欧元的则占 50%。

另外，财产税存在着一个严重不足。它众多的免除政策使得高额财产的持有人实际缴纳的税款远低于他们应该缴纳的数额，而且，他们申报的财产数额和实际财产数额经常完全不相符。这就是“贝当古综合征”，事实上它的涵盖面是非常广的。对此，一个很好的改革方案就是取消这些避税的渠道，从而增加财产税税收基础。该改革方案将对减少财政赤字和降低小额财产税率（如果公共财政的状态允许的话）做出贡献。

2010 年 10 月 12 日

巨额财产税：政府谎言的终结

“问题越严重，越能蒙混过关”，这显然是现任政府的逻辑。第一个谎言：2007—2010 年的三年时间里，萨科齐通过在电视上、在数百万法国民众面前声称德国有税盾政策，证明了其税盾政策的合理性。而事实上，德国的税盾是不存在的。

如果这个谎言不成立的话，2010 年，国家元首宣布取消税收盾牌但同时编造了第二个谎言：“法国是唯一一个对财产征税的国家”。因此需要取消或大幅下调巨额财产税。在所有媒体上反复强调之后，这一谎言最终以使一部分人信服而告终。然而这一说法是错误的。实际上，在所有国家，以家庭财产为基础的税收都是存在的，尤其是不动产财产以房地产税的形式进行征收，比巨额财产税的税负要重得多。法国家庭需要缴纳大约 150 亿欧元的房地产税和 40 亿欧元的巨额财产税。在美国或英国的税收体制下，房地产税大约为 250 亿欧元（不动产税)。

是不是法国的税收制度更好一些呢?没那么确定。尽管不是完美无缺,但与19世纪的一些房地产税相比,巨额财产税相对公平、效率较高,并且更适用于21世纪。首先,因为巨额财产税努力对所有的财产形式(无论是不动产还是金融财产)一视同仁,从而将经济失衡的风险控制到最小。当然,其中有太多的避税港,但与之前房地产税完全减免的金融财产税相比,还是好一些的。

其次,巨额财产税能够减少负债。如果你拥有一套价值100万欧元的房子,但有80万欧元的贷款,那么你的应课税财产仅为20万欧元,也就是说你无须缴纳巨额财产税。然而无论你是否有贷款负担,你需要缴纳的房地产税都是一样的。

最后,巨额财产税以市场价值为基础,也就是说对于所有人都是一样的。而在大多数国家,房地产税根据几乎不更新的地籍价值计算,因此对于不同市镇或街区的纳税人来说是不公平且不平等的。也正是出于这个原因,德国和西班牙取消了完全按照已过时地籍价值征收的累进财产税。从历史和税收征收的角度看,这些税收和创立于1980—1990年的法国巨额财产税没有任何关系。在1980—1990年,一方面股票价格持久上涨是一个事实,另一方面财产税应该按照每年更新的市场价格进行征收。我们也许能够使房地产税向巨额财产税靠拢,而不是出于纯粹的意识形态原因而取消后者。

我们来看第三个谎言。政府想要将最高额财产适用的税率至少降低到现有的1/3:超过1700万欧元财产使用的税率可能从1.8%下降到0.5%。谁会相信这不是对最富有人群的极大的税收优惠政策呢?

根据我们的估计（参见 www.revolution-fiscale.fr），在这次改革之后，财产税收入将会由 41 亿欧元降低到 18 亿欧元，而事实上的损失可能更大（30 亿欧元），因为需要考虑到门槛效应。在法国财产数额超过 1700 万欧元的家庭大约有 1900 个，他们的应课税财产平均为 3500 万欧元，他们的巨额财产税可能会平均减少 37 万欧元（大约为他们财产的 1%）。根据法国财政部公布的数据来看，这些家庭从 2007 年起享受的平均 21 万欧元的税收优惠将会被取消。目前进行的改革将会使每个家庭额外获得 16 万欧元。

我们并不认为我们的计算是无懈可击的。但至少，我们将这些计算公开在网络上，从而使每个人都能够公开透明地核实并优化这些数据。官方的估算结果则完全不是这样，而是完全混乱且不完整的（比如，没有关于各个税率段的细节数据）。预算部长弗朗索瓦·巴鲁安已经宣布新巨额财产税的税收收入可能为 28 亿欧元（4 月 22 日《世界报》），而在几天后，又给出了 23 亿欧元（4 月 29 日《回声报》）的估算数据。在一个星期之后，我们做出的 18 亿欧元的估算就会得到官方的确认！无论如何，在国库空、财产规模发展空前而收入停滞不前的情况下，损失几十亿欧元的巨额财产税收入是合理的吗？我们只是希望政府能够给出清晰的估算数据，并且对其实行的政策负起责任。或者在更为乐观的情况下，希望政府能够同意学者们对现有资料进行深入研究，从而使法国税收制度建立在准确评估而不是谎言的基础之上。

2011 年 5 月 3 日

为了提高劳动价值进行的税收改革

在弗基耶（法国欧盟事务部长）看来，在这场关于经济援助和低收入家庭补助金的论战中，应该牢记的是什么呢？首先，人民运动联盟中对极端和右翼行为的倾向日益严重。在萨科齐和科佩（人民运动联盟主席）之后，现在出现了一个打算拿最脆弱的人群开刀的新候选人。其次，更为严重的是，现任政府的执政表现不佳。原因在于为了反对经济援助，政府应该以提高中低收入群体购买力为目的，将剩余的预算投入此处，而且这笔预算并不多。

如果将所有的款项考虑在内，包括社会普捐税、增值税、其他消费税（汽油等）、按照工资收入征收的分摊金和各种税收，我们会发现，在现有税收制度下，月收入一倍到两倍 SMIC 的人有 40%~50% 的收入用于缴税，而最富有人群有 30%~35% 的收入用于缴税。如果真正想在行动上而不是在口头上提高劳动价值，那么只有一个办法：

竭尽全力降低中低收入群体的缴税压力。

然而政府并没有这样做，从 2007 年起，政府增加了对于富有人群的税收优惠政策。而当公共账户缺少资金时，政府打算从巨额财产税收入中支取几十亿欧元，却将最富有人群的财产税税率差不多降到了原有水平的 1/4（超过 170 万欧元的财产适用税率从 1.8% 降到了 0.5%）。这样的决定只会加剧不平等并且使税收制度问题更为严重，这一点得到了强制征收委员会的证实。对于低收入群体来说，情况不可避免地更为严重，因为他们需要支付债务。

右派打算如何在实行这一莫名其妙政策的同时，捍卫劳动的价值？左派能够也必须向国民证明，它是提高劳动价值和提高中低收入人群购买力最可靠的选择。鉴于我们的税收体制不仅存在运行机制复杂且效率低下的问题，还在分配上存在不公正的问题，因此重新整顿是当务之急。对于低收入群体来说，他们每个月需要缴纳工资收入的 8% 用于社会普捐税（全年来看相当于一个月的工资），而他们收到就业津贴的时间会有一年的滞后期，金额相当于半年或者 9 个月的工资。这一不可理喻的体制每年会影响到大约 800 万名低收入员工。

通过将社会普捐税、所得税和就业津贴合并为单一、个人、全民预扣税种，对于 SMIC 的人群来讲，每月只需缴纳 2% 的税（而不再是 8%），从而使净工资收入大幅上涨，每月增加约 100 欧元。由于这一方式比接收支票更令人满意，使得劳动价值切实具体地得到了提高，和右派那些不知所云的政策产生的效果完全相反。这样的目标应该得到广泛支持，那些对这一税收改革持反对意见，但又不能提出改革就业津贴替代性建议的人们，需要三思而后行了。

左派能够也应该重新与平民大众站在一起，并捍卫社会和税收的公正。但是，还需要为此给出具体的、数据详尽的方案。在近 25 年中，左派有 10 年是执政党（1988—1993 年和 1997—2002 年）。每一次，左派都对右派下调所得税的提案表示反对，左派从未对所得税进行过深入改革，有些人甚至妄想取消巨额财产税。

近些年来，民众认为在捍卫其经济和社会利益方面，极右翼比社会党的表现要出色。目前，要想重新获得平民大众的信任，需要一些模棱两可的承诺之外的东西。希望我们在初选过程中能够得到明确且有说服力的答案。

2011 年 5 月 31 日

日本：私人财富，公共债务

在欧洲人眼中，日本的国情是让人难以理解的。为什么日本的公共债务高达其国内生产总值的两倍，却没有人对此表示担忧呢？如此大规模的公共债务是与怎样的国情、怎样的国家政策相适应的呢？我们每天都能看到的数字，要么是以占国内生产总值的比例表示，要么是以几百亿欧元表示，它们有什么意义，或者在它们再次出现时只要忽略就可以了？

为了尝试赋予其意义，最好参考国民经济核算数据。在大多数国家，国民经济核算数据中不仅有关于生产和收入流量的数据，还有关于资产存量（不动产和金融）和各方（家庭、企业、政府和其他国家）持有负债（债务）的数据。

这些统计当然不是尽善尽美的。比如，在全球范围内，净财务状况为负，这在逻辑上是讲不通的，除非我们假设其中一部分资产由火星占有。更为肯定的是，这一不合理现象说明，避税港中的金融资产数量和非常驻人口持有的金融资产没有被准确记录。正如加布里埃尔·祖克曼最近指出的那样，这种情况势必影响到欧元区以外的统计情况，很可能真实情况要比官方公布的结果好得多。富有的欧洲人完全有理由隐藏起一部分资产，而目前欧盟没有履行职责去劝阻这种行为。

这些不足并不会打击我们的信心，相反，通过检验国民经济核算有助于提高其质量。正如在经济学方面，我们必须接受的原则就是低起点，也正因如此才使规则更为恰当，进步更加明显。

拒绝统计通常是富人们和已经获得财富的人们的做法，而不是尚未拥有财富的人们的做法。

我们回到对日本案例的研究。当我们谈到公共债务时，首先应该注意的是，私人财富通常远远高于负债（私人和公共债务）。和欧洲以及美国一样，日本家庭持有的不动产和金融财富（除去债务）是国内生产总值的5~6倍。法国的人均国民收入为3万欧元，而人均财富拥有量为18万欧元，相当于6年的人均国民收入。

还需要注意的是，日本政府持有的公共债务确实是日本国内生产总值的两倍，但其持有的非金融资产（房地产）和金融资产（参股公共企业、储蓄银行以及类似于信托投资局的准公共金融机构）同样相当于国内生产总值的两倍。也就是说，日本政府持有的资产和负债是基本持平的。

事实上，近几年日本公共领域的资产净头寸略有亏损，这是十分不正常的：一个政府不可能开始将其所有的东西都变卖。相比较而言，法国和德国明显收大于支，即使危机之后也是如此。在法国，公共债务与国内生产总值相当，而公共资产（金融和非金融资产）约为国内生产总值的 1.5 倍。

更令人震惊的是，日本的净头寸在世界范围内是收大于支的。在近 20 年里，日本积累了相当于一年收入的境外净资产，这一私人财富和公共债务之间的失衡已经超越了海啸。这一问题只能通过加重私人领域税负的方法来解决（接近国内生产总值的 30%）。最近的巨变应该会加速这一演变过程，从而使日本向欧洲靠拢，当然会有许多困难伴随其中。

2011 年 4 月 5 日

希腊：欧洲银行税

德国曾经想要求借款给希腊，且有时利率很高的银行和其他金融机构承担一部分目前混乱局面责任的想法是正确的。简单地说，这需要以一种有序、公平、有力的方式，以征收欧洲特别税的形式向银行征收，而不是通过希腊政府单方面的违约来实现。

区别在哪里呢？区别很大。违约问题是其中的盲区，是后果中不可预见的部分。比如，我们把希腊借款价值降低一定比例，如降低50%，即借出100欧元的人们可以获得50欧元的返还额（减值或“估价贬值”50%）。但是，由于银行又一次通过相互连接的各种各样的保险合同（特别是著名的信用违约互换，它最终可以使一些人在希腊违约问题上下赌注）将这烫手的山芋扔了出去，而且一些希腊借款的债权人并不知道自己的钱被借给了希腊（比如，近几年来许多储户被迫接受其保险合同中的欧洲债务组合，但是很少有人阅读其保险合同的附录），没有人知道最终会由谁来买单。为解决此问题需进行的任务分配一定不会是公平的。在金融领域，那些最大的玩家通常消息灵通，能在适当的时机将前景不好的产品都清除出去。另外，银行财报造成的连锁反应完全有可能引起恐慌甚至接连破产，更何况银行预料到违约和估价贬值策略可能在日后其他债务国遇到困难时同样有用。

那些大型金融机构看似十分强大，事实上却很脆弱，它们几乎什么也没有。它们的财报显示其资产和负债的金额巨大（一个中型银行为 1 万亿欧元，是希腊国内生产总值的 5 倍），而其预留资金却很少（可能为 100 亿欧元）。希腊的违约行为会造成非常严重的后果。

法国和欧洲中央银行不希望出现违约行为的想法是没错的。但是，法国打算通过银行纯资源贡献行为来应对的做法是行不通的。大体来讲，就是与银行家朋友们进行沟通，请求他们继续持有希腊债务并延长贷款期限。但法国没有详细说明货币交换问题，这样是解决不了欧洲面临的问题的。相反，法国应该像德国一样要求银行“负责”，通过协商建立一项真正的税收或银行贡献制度，从而使金融领域参与到目前的重建计划当中。

税收估价贬值与不正规的估价贬值相比，一大好处就是能够更好地估算税收基础和贡献率，从而只让目前状况良好的银行承担责任，以避免大规模的恐慌。而且，这样金额不大但切实的税收可以是未来欧洲税收制度的雏形——正是在危机时期，为了满足特定的需求，我们创立了这些税收。尽管没有明确说明，但欧洲中央银行关于建立一个真正的欧洲财政部的提议确实是指向这个方向的（我们能够拥有一个没有税收的财政部吗？）。

这一税种应该是什么样子的呢？如果我们将分摊额按照各金融机构持有的希腊债券比例计算的话，这一税种应该与违约程度相对应，并且会产生同样的不利影响。一些银行持有大量的希腊债券，但其流动资金却很少。相反，为了保证只有状况良好的银行置身其中，我们可以规定这一税收按照盈利来计算。那么，银行的分摊额可能会成为利润税的一个补充部分，以及未来真正意义的欧洲企业所得税的开端。我们可以利用这两个税收基础，提出一个折中的解决办法。或者仅仅以银行自有资产为基础进行征税，这对于谨慎的金融监管来说可能是有好处的。但是，无论如何，最重要的是这场欧洲范围内的辩论现在应该开始了。

2011 年 7 月 28 日

碳税的秘密

大家对汽油税有了解吗？如果你说了解一些，太棒了，你可能是一个经验丰富的环保卫士！因为就其主要思想来说，目前提及的这一方案在大众眼中还有许多疑惑没有解开。原则似乎很清晰，即根据每人消耗能源而释放出的二氧化碳来征税。这一做法的好处是，通过对污染环境的能源征税，可以减轻工资收入税负并实现税收制度的革新。

而如果仔细研究 2010 年预计实施的方案，就没有这么简单了。由于在这之前对汽油征收的税负就已经种类繁多，这一方案给人的感觉是普遍增加了汽油税负。事实上，2010 年汽油税预计征收收入为 90 亿欧元，其中 50 亿欧元来自汽车碳氢燃料税负的增加，这 90 亿欧元能够弥补近几年在石油产品内部税上的损失。这一损失是由石油价格上涨而消费量下降造成的，2002—2003 年石油价格由 250 亿欧元下降到目前不到200亿欧元。弥补损失的税收收入可能是个好主意，但这真的能革新税收制度吗？事实上，环保税在法国很早就有了，按照全欧战略，能源税能够带来相当于国内生产总值2.5%的收入（其中一半来自石油产品内部税），而瑞典和欧洲的平均值为国内生产总值的3%。

那么，在目前的方案中，究竟有什么新的举措呢？

从原则上讲，有效的“碳税”完全以合理的环保目标为基准，而不是以预算和政治考量为基准，因此它与环保税是有区别的。这一区别有两个重要影响。首先，根据污染排放量对所有能源按照合理的税率征税很关键。到目前为止，法国的汽油税负较重，而天然气、家用燃料和煤炭的税负明显较轻。

其次，也是更重要的，这一原则最终得以确定并被所有人接受。汽油税的特别之处在于，按照众所周知的“每吨二氧化碳价格”进行衡量的成本，其数额将根据对社会污染成本做出的评估在未来几十年里有所增加。这一假定的成本既把用于减少排放的成本（比如，如果需要花费100欧元种植树木或研发清洁技术，从而使1吨的二氧化碳得以吸收，那么每吨二氧化碳的价格则为100欧元）考虑在内，又将与排放相关的成本（根据长期气候预测和对人类生活影响进行估算）计算在内。在法国，关于“碳产品监控价值”的“基内报告”建议，将目前每吨二氧化碳32欧元的价格逐步上调，2010年提高到32欧元，2030年提高到100欧元，2050年提高到200欧元。具体来说，就是碳税将会增长到一定数额。当然，这些尚未敲定的数据将会被反复考量和修正。真正的重点在于，社会和未来的政府将致力于逐步提高碳税，摆脱短期政治和预算投机的影响。

许多专家强调指出，这一良性碳税应该补充到现有的环保税中，而不是取而代之。特别是，除了温室气体排放的与汽车相关的其他污染（空气质量、交通堵塞、噪声污染），目前石油产品内部税的弥补水平是足够的。技术层面的论据提出了反对意见，但需要进一步解释，否则，纳税人可能会认为这更像是双重焦虑，而不是双重好处。

同时，关于碳税税收收入用途的辩论也没有一个好的开端。首先，由于工业企业从属于欧洲排放交易体系，它们被免除了这一新税负。而且，还有一些对这一税收和配额双重体系有利的技术层面的论据。但是，鉴于目前配额的获得几乎是免费的，而且日后变为有偿或者从 2013 年起实行拍卖的可能性也很小，因此这可能会影响到整个社会对这一体系的接受度。在这样的情况下，关于从 2010 年起用碳税收入来代替同样有这些公司缴纳的职业税的提议，似乎是一个十分不受欢迎的且对意识形态的挑衅。

2009 年 7 月 7 日

宪法法官及税收

宪法委员会弹劾已被国会采纳的税收改革是合法的吗？在碳税的例子中，这个回答是肯定的。

这项税款被政府修修补补之后，在税收面前公然地破坏了平等的原则。污染最严重的大型工业企业的这项税收其实已经被豁免，因为它们事实上从属于欧洲碳排放交易体系。不过这些配额曾经是免费取得的，并且没有人知道什么时候会开始收费。其中的操纵太过明显。但是当我们提到税收争论中对于法官的干涉，应首先提到政治领域。

在税收面前，平等的法律原则是极其含糊不清的，宪法法官对它无边界的阐释会产生缺乏逻辑的决策。2000 年年末，若斯潘政府就这样使众议员接受了一项关于普遍社会贡献税（CSG）的重要改革，而这其实是一种比例税，并且成为一种累进税收：对少于 1.4 倍最低工资标准的工资进行税收减免，以此提高收入微薄的员工的净工资和购买力，同时为将来普遍社会贡献税和个人所得税的合并开辟道路。宪法委员会则做出了不同的决定：鉴于普遍社会贡献税对于低收入员工工资的降低只取决于个人工资水平，而没有考虑其家庭状况，所以这项法律没有被通过。

然而，宪法法官们对于其他各项强制性扣款同样没有考虑低收入员工家庭情况的事实却从来不为所动（税率降低的增值税、低收入员工的社会保险金中雇主分摊额的降低等），并且对多种多样充斥着所得税和财产税的逃税区也不置一词，就更不必提税盾了。（他们是以何种公正的原则之名，包容个别税收而拒绝其他的呢？）。而这便是在税收面前对平等原则进行的另一种更加严重的破坏。

2000 年审核通过的结果是：普遍社会贡献税仍然作为一种比例税，作为补偿，若斯潘政府建立一项工作津贴，近期劳动补助收入也补充了进来，而今天我们还是能看到这个荒谬的“煤气工厂”（一方面扣除最低工资标准员工一个月的工资来缴纳普遍社会贡献税，另一方面又给他们转账来作为补偿）。

“基尔希霍夫事件”则是一个更为极端的例子。保罗·基尔希霍夫，这位财税法学家很明显对税收十分恼火。他在 2005 年安格拉·默克尔政府的财政部长选举前的拉票阶段提出了一个惊人的提议：对最高收入部分采取 25% 统一税率的单一税。在政治领域，每个人在个人观点方面当然是自由的（这些观点在当时的情况下对德国人几乎不存在吸引力：默克尔被强迫与德国社会民主党一同进行统治，并且无奈地和她精心培养的下级分开）。但这一事件的重要时间点是在 1995 年，同一个基尔希霍夫以德国宪法法院法官的身份递交了一项决议，判决所有征税大于50%的行为都是违反《宪法》的，就这样把几百万欧元拿到柜台并且把一大半放进自己的口袋的权利被当作一种准人权来看待。

美国在1932—1980年对他们的金融精英们施行平均高达82%的边缘税，他们就这样中止了长达半个世纪的民主政治吗？“基尔希霍夫事件”在德国成了丑闻，这一决议也从1999年起便被法官废止（在基尔希霍夫卸任之后），并在2006年被以“制定税收比例数量限制不在宪法法院法官的职权范围之内”来加以认可，看来萨科齐并不知晓这件事。从中得到的教训就是，在税收面前，平等的原则可以被随意阐释，而法官们也应该有节制地对此加以利用。

为了保护宪法法院脆弱的合法性，应该尤其避免过多任命党派人员和政界人士——现今国家顶端的诱惑似乎太大了。

2010年1月26日

卢森堡泄密案、巴拿马文件：虚伪的欧洲

《世界报》

近年来，避税天堂和金融透明一直是媒体热衷谈论的话题。不幸的是，政府在这方面的胜利宣言和实际行动之间却存在巨大的鸿沟。2014 年，“卢森堡泄密案”的调查结果表明，在欧洲经营的跨国公司通过在卢森堡开设子公司几乎不用缴一分钱的税。2016 年，“巴拿马文件”也显示，南方和北方国家的金融、政治精英掌握着大量隐形的财富资产。在这里我们应该为记者的尽职尽责感到高兴，但问题在于政府没有做好分内的工作。实际上，从 2008 年金融危机以来几乎什么都没有得到改进，在某些方面，事情甚至还有恶化的迹象。

下面就逐个问题来看。在跨国大公司的利润征税方面，欧洲日益加剧的税收倾销竞争又达到了新的高潮。英国正准备将税率下调到 17%，这在大国中是前所未有的超低水平。而与此同时，英属维京群岛和其他离岸避税天堂的地位仍然受到保护。如果不采取任何措施，

最终所有国家都将会向爱尔兰12%的税率看齐，甚至干脆降为零，或者采用补贴投资的办法，这在有些国家已经出现了。与此同时，美国对公司利润的联邦税达到了35%，另外各州还要征收5%~7%的税。正是由于欧洲政策支离破碎，加上缺乏有力的公共权力机构，才使得各国只能听凭私人资本的摆布。好消息是，摆脱这一切的办法依然存在。法国、德国、意大利和西班牙这4个大国的总人口和国内生产总值加起来在欧盟的比例超过了75%，如果它们一起提出在民主程序和司法公正的基础上订立新的欧盟条约，其中最重要的是关于大公司统一税收的内容，那么其他国家就将不得不追随其后，除非它们对公众舆论多年来要求的政策透明置若罔闻，或者甘冒被惩罚的风险。

在避税天堂持有的私人财产方面，提高透明度才是当下最适宜的做法。2008年以来，世界各地的巨额财富一直在不断快速增长，甚至超过了经济增长的速度，部分原因就在于这些富人所缴纳的税收远低于其他人。2013年，法国某位财政部长曾经理直气壮地解释说自己在瑞士没有设立任何私人账户，不担心政府展开调查，最后记者的调查才揭开了事实的真相。

在金融资产方面实行银行信息自动传输的做法据说可以在未来解决这些问题。目前瑞士已经正式表示同意，但巴拿马始终持拒绝态度。不过这一举措还要等到2018年才会正式实施，而且是在很小的范围内，还有明显网开一面的特例，比如通过信托公司和基金会持有的有价证券。另外，对于那些拒不执行的国家，目前也没有规定会采取什么样的惩罚措施。换句话说，我们继续生活在一种幻想中，以为只要礼貌地要求避税天堂不要继续犯错，就能在各国自愿的基础上使问题得到解决。眼下的当务之急是加快进程，制定严厉的商业和金融惩罚措施，对那些不严格遵守规矩的国家进行处罚。我们要搞清楚一点，只有不断通过这样的惩罚措施，尽量减少漏网之鱼（当然还会存在，包括和法国关系密切的两个邻国瑞士和卢森堡），提高制度的可信度，才能摆脱数十年来一直存在的不透明和普遍无人受罚的局面。

与此同时，还应该通过政府控制中央证券存托行（ICSD）的办法，比如欧洲的明讯银行和欧清银行、美国的存管信托公司，制定统一的金融资产登记制度。在这方面，加布里埃尔·祖克曼有过很详细的阐述。为了提高这套制度的可信度，还可以设想针对这些资产设立统一登记税，收入可以用来资助保护全世界公共利益方面的研究（如气候问题）。

最后一个问题：为什么 2008 年以来各国政府在提高金融透明度方面始终成绩寥寥？简单的回答是，它们幻想自己没必要采取行动，因为中央银行开动印钞机后，充足的货币就足以避免金融体系的彻底坍塌，这样就可以不会重蹈 1929 年世界经济走向深渊的覆辙。结果是世界确实避免了一场全面的经济衰退，但同时也错过了非常必要的结构性改革、监管改革和税制改革。眼下各大中央银行的资产占国内生产总值的比例已经从 10% 上升到 25%，如有必要甚至还可以再提高。看到这一点大家好像可以感到放心，但与公私部门掌握的所有金融资产相比，中央银行的资产依然薄弱。事实上，这说明私人资产存在持续的过度膨胀，金融体制非常虚弱。但愿世界各国能够从“巴拿马文件”案中吸取教训，向不透明的金融体系宣战，而不是坐等下一场危机的发生。

2016 年 4 月 12 日

第五部分

短视的政策

这实际上是一种短视的自私行为，因为两国最终都会因为欧元区陷入衰退而遭受损失。在各国只顾自身利益的小把戏中，很难说谁的罪孽更深。德国创下了高得离谱的贸易盈余纪录，法国除了在经济、税收和社会保障制度方面改革不力外，在欧元区债务共担方面也没有提出一套详细的方案。

分道扬镳的法德轴心

《解放报》

2011 年的经济数据刚刚揭晓：一直让人揪心的法国贸易赤字终于尘埃落定，达到了创纪录的 700 亿欧元，超过国内生产总值的 3%。同期的德国创造了 1600 亿欧元巨额贸易盈余，超过国内生产总值的 6%。两国的数字都堪称历史之最：一边是法国 1950 年以来的贸易赤字历史新高（之前的记录是 1980—1982 年占国内生产总值的 2%），另一边是德国 1950 年以来的贸易顺差历史纪录（相比之下，2011 年的中国贸易顺差也只有 3%）。

如果把时间回溯到 2002 年，也就是法国右派重新执掌政府[①]的时候，（法德）两国在贸易顺差上还不相上下，都占国内生产总值的 2%，而且还有着相同的失业率（8%）和相近的财政赤字（国内生产总值

① 这是指 2002 年人民运动联盟的拉法兰取代社会党的若斯潘出任法国总理。

的 2%）。1980—2010 年，法国的国际贸易收支平均来看接近保持平衡。但今天的法国失业率已经攀升到 10%（而德国下降到 6%），预算赤字达到国内生产总值的 5%（德国是 1%）。

法国的右派一向标榜自己擅长经济管理，10 年来一直独揽大权。但事实证明，右派领导下的法国经济实际上成了一副烂摊子：工业部门表现不尽如人意，政府不是关心教育和创新，而是热衷于在加班补贴上做文章，结果导致公共财政陷入前所未有的混乱，反倒是向人民运动联盟提供政治献金的企业借机捞了一把，逃掉了巨额的税款。[①] 2012 年法国的巨富税收入只达到 2007 年的一半，但同期法国人的财富总值却增加了 30%，这还是在公共财政深陷危机的时期。当惯用的解释不再有说服力的时候（比如“都是上届政府的失误”这样的陈词滥调），政府就把失业者（将近 500 万人在国家就业署登记失业，又是一项历史纪录）和移民的问题推给公众舆论来讨论。另外，法国还有一位巧舌如簧、敢于在成千上万民众面前谎话连篇的总统。于是乎，一切都看得很清楚：政治权力的更迭倒像是在打扫公共卫生。

面对如此令人揪心的经济形势，左派需要的是勇气和想象力，首先就要敢于迎接来自欧洲政治层面的挑战。对于法德两国渐行渐远的经济现实，德国其实有着不可推卸的责任。因为它采取的是过度压缩内需（2002 年以来，其工资总额占国内生产总值比例降低了 5%）的办法，走了一条全体欧盟国家都不可能走的路。依靠每年占国内生产总值 6% 的贸易顺差，德国可以在 5 年内买下法国 CAC40 指数下的

① 此处是指 2012 年法国的“贝当古政治献金案”。

所有股票，也可以买下整个巴黎的不动产（总值大约为8000亿欧元）。德国并不需要这么多的外汇储备，而且在如此巨额的贸易失衡背景下，欧洲货币联盟也不可能正常运转。法国和德国都需要一个强大而统一的欧洲，一个可以把全球化下失控的金融资本主义重新装进笼子的欧洲。这就需要制定一份新的欧盟条约，以增长战略和债务共担为基础，在希望共同进步的所有国家之间建立议会联盟。德国对欧盟政治一体化的未来比法国要看得更远，它应该更能读懂这中间的含义。

对于法德之间的落差，法国当然也脱不了干系。奥朗德在竞选活动中虽说也很讨巧地提到，要努力筹得300亿欧元的额外收入，好让公共财政回归平衡，可在他目前的改革方案中却丝毫未提结构性改革的问题。法国的社保体系融资过度依赖劳动者的收入，这一点必须得到彻底的改变。总而言之，税前工资中由雇主承担的社保缴费占40个百分点，其中只有一半站得住脚，比如用于退休金和失业保障的那部分，其他像医疗、家庭补助、培训和建房等名目下的缴费就应该从税基更大的地方出。最好的办法就是设立累进制的普摊税，它相比社会增值税要更公平，也更容易征收。说得更大一点，法国的税收制度对于经济参与者来说既陈旧过时，又烦琐不堪，还让人捉摸不透，对它进行简化和改革已迫在眉睫。法国也是唯一一个没有转向收入源头征税的国家。可就在不久前，奥朗德竞选总统班子中负责税务的代表杰罗姆·卡于扎克还不无骄傲地说，新总统任期内不会采取任何税改措施，因为这是一项任重道远的改革，需要从长计议。可是看看周围的国家，人家全都只用短短一年的时间就搞定了一切，而且还是在信息技术非常落后的年代完成的。相比之下，法国早已跟不上形势。这样的例子可谓不胜枚举。再比如在养老金方面，整个体系都需要重新设计，要把复杂多样的制度简化统一，以便合并计算复杂的职业经历，建立个人获得培训资格的制度，等等。总之，法国的改革之路还很漫长，政府换届不应该是没有选择的选择。

2012 年 2 月 14 日

对新政的期盼

《解放报》

弗朗索瓦·奥朗德能在欧洲掀起一场罗斯福式的新政吗？这样的比较显然贻笑大方。不过我们回想一下，重大的历史事件和非凡的理念往往能让政治人物超常发挥。罗斯福在 1933 年出任美国总统时，对于究竟应该采取什么样的政策心里也没有十足的把握。但他很清楚，1929 年的那场危机和紧缩政策已经让美国经济大伤元气，政府必须重新降服已经失控的金融资本主义。现在到了 2012 年，距离 2008 年全球金融危机的爆发也才过了 4 年，新上任的奥朗德面临着和当年罗斯福同样的处境。总统竞选刚开始的时候，他并不知道自己后来会提出向年收入过百万的富豪征收 75% 的重税。但他很快就得出了和罗斯福一样的结论，认识到只有借助税收这把利剑才能刺破日益大得离谱的超高薪泡沫。

其实，奥朗德将要被迫面对的主要难题还在于欧洲的出路。欧洲的核心问题在于，如果仅靠一些“项目债券”，不可能一劳永逸地摆脱眼下的危机。这些欧洲债券可以为能源和基础项目的投资提供资金，确实是有用的工具，但遮掩不了其他更棘手的问题。如果不坚定地走欧洲国家共同承担债务的道路，金融危机的一幕就还会不断上演。让单一货币为17个不同国家的债务背书，一边是市场可以针对这些债务肆意投机，另一边是各国政府束手无策，无法通过贬值来应对冲击，这条道显然走不通。欧洲的制度设计已经导致希腊的悲剧，最终还会让欧元走向灭亡。

有人总是因为德国有可能会反对债务共担，就认为提这个问题于事无补。此言谬也。首先，搞清楚努力的方向总是有益的，哪怕只是定下日程，让这个目标有朝一日能够实现。其次，德国也并不像法国人想象的那么保守。事实上，很多欧盟的领导人，还不仅仅是左派政治家，都对法国新总统寄予厚望，希望他能在这方面做出一些大胆的尝试。欧洲议会自由党团主席居伊·伏思达就刚刚公开断言，只有债务共担的做法才能让欧元区的利率一劳永逸地降下来。试想一下，如果美联储每天早上都要为怀俄明州和得克萨斯州的债务问题举棋不定，那货币政策的稳定又从何谈起？只要欧洲中央银行始终受制于现在这种荒唐的处境，它就无法放开手脚服务于金融稳定的大局。于是欧洲只能继续翻新花样，造出一堆解决不了任何实际问题的复杂玩意儿，比如按照“某某机制”，先贷款1万亿欧元给私营银行，寄希望于银行再把钱借给成员国，或者把钱借给国际货币基金组织，让它回过头来再贷款给法国……

现在摆在台面上的提案已不在少数，去年11月德国政府经济顾问委员会就曾经提议，只要债务负担超过国内生产总值的60%就应当拿到欧盟层面共担，包括德国的债务。还有一些人认为，债务共担最好从短期公债开始。不管怎样，现在就必须当机立断，率先迈出第一步。

特别是要对关于政治联盟的重要议题拿出结论性意见。德国前外长约什卡·费舍尔就建议欧洲议会设立一个新的议院，议员来自所有希望在一体化方面走得更远的国家，专门负责金融和社会事务。这种成员国议会联盟可以让欧盟掌握各国债务的代理权，经过公开民主的讨论后确定贷款金额。它的好处是比欧洲议会的现行机制更紧凑，而且参与决策的人以后也将在各自国家承担政治后果。对于未来建立在各国主权基础上的欧洲合众国目标，这也许算得上是一种独辟蹊径的发明。

在所有这些问题上，欧洲各国都对奥朗德寄予很高的期望。一切就从现在开始吧！

2012年5月7日

停止观望，行动起来！

《解放报》

奥朗德总统任期的开局有大家说的那么糟糕吗？很遗憾，的确如此。这里当然有时局不济的原因，新总统也远没有糟糕到让大家怀念前任总统的地步。但从各方面看，本届总统上任以来明显有一种观望等待和优柔寡断的作风，让人心里不踏实。

在欧洲层面，法国还没有提出任何具体的建议，能够推动政治和财政联盟以及债务共担方面的进步，而这恰恰是一劳永逸地解决当下危机的唯一办法。结果各国只好被迫采取紧缩措施，说是为了恢复市场的信心，其实大家都心知肚明，紧缩政策只会导致进一步的衰退，从而加剧各国的债务负担。现在的做法就是在浪费时间，即将通过的协议解决不了欧元区的任何结构性问题。曲高和寡的安格拉·默克尔只好独自建言献策，大谈政治联盟的好处。她的建议至少有其合理的一面，如通过普选产生欧盟总统，但目前这还远远不是最合时宜的主题，最重要的应该是在欧元区层面以各国议会为基础设立民主议会。放眼世界，欧洲以外的各国都在不断进步，大力投资于未来，把欧洲远远甩在了后面。

在国家层面，所有的实质性重要改革都被无限期推迟。税收改革本来是奥朗德参加“选战”时辩论的焦点，但后来也只是做了一些小打小闹的修改，而法国现在需要的却是一场量身定制的全面改造。长期以来法国在发达国家中一直是唯一没有采用源头征税的国家，现在倒好，这项纪录还要再保持5年。法国的多项直接税累加也堪称奇葩，被掏空的税基按照各种规定被层层叠加。这还不算，现在还要再来第三层税基，按照75%的税率征收，既不同于所得税，又和普摊税有所区别，而且比这两种税基被掏空得更严重。有一点是肯定的：面对这些眼花缭乱的花哨设计，只有那些税收顾问最高兴。

在劳动力成本和竞争力方面，虽然奥朗德也表示不能再让雇主承担的社保缴费继续加重工资负担，应该马上提交报告改革社保体系融资机制，这主意听起来不错，但是早在1997年的时候，社会党执政的若斯潘政府就已经用过这一招，他当时也命令手下提交报告，结果一年后发现问题实在太过复杂，还是按兵不动的好。但愿这次的结局会更好一些，特别是因为社保缴费的融资改革确实事关重大。

在法国，雇主承担的社保缴费总费率大约在40%，即雇主要支付100欧元的税前工资，就必须拿出140欧元的“超级税前工资”，最后员工拿到手的只有80欧元净工资。这太不合理了！40%的缴费中只有一半站得住脚，如退休和失业缴费，其余包括医疗、家庭、培训和建房等支出应该对接其他更宽的税基。现在已经开始有了一些变化。

目前雇主承担的社保缴费在最低工资的情况下可以减半，但只要一超过最低工资，缴费的费率就像火箭一样往上蹿，从1.6倍最低工资起，费率就回到了40%的水平。刚刚结束任期的萨科齐采取了将部分优惠费率扩大到最低工资2.1倍的做法，选择了一条正确的改革方向。新政府也许受到了启发，维持了这种降低雇主社保缴费率的做法，但采用的是另一种融资方式，最终目标是将所有工资的雇主社保缴费费率减到20%。但融资的问题怎么办？关键在于社会增值税的办法永远解决不了问题，因为需要相应增加的比例实在太高，而且还会不加区别地打击所有人的购买力。另外，政府设想的可调节生态增值税方案只会使效率更低，也许最终能增加1~2个百分点的缴费转移，但不可能再多。

最有效的手段应该是普摊税，因为它的税基比增值税要大得多，而且只有普摊税才是以公正、公开的方式面向所有收入征收，但条件是最终必须制定一套真正的累进征收办法，税率可以根据收入水平调整。如果没有这套办法，雇主方缴纳的社保缴费转移就会压在退休人员和低收入者身上，也就是说这是死路一条。

只有全面的税收改革才能解决所有这些矛盾，但眼下还看不出政府有勇气和意愿迈出这一步的迹象。当然抱着希望总比没有强。

2012年9月24日

取消兼职，限制津贴：谁动了议员的奶酪？

《解放报》

国民议会的改革到底要等到什么时候？显然这不是一两天的事。就像很多其他事项一样，所有改变和增加透明度的努力都被遥遥无期地搁置一边。我们早就猜到，那些兼任地方行政长官的社会党议员，不管是众议员还是参议员，绝不会急着去履行承诺推掉兼职。选举前他们曾经面对选民信誓旦旦，说最迟 9 月份就在留任议员和地方行政职务之间做出选择。可那又怎么样？他们现在的解释是，最简单的办法还是保留兼职，一切等到新法律通过后再说。现在已经可以听到有人在老调重弹，无非是觉得议员有必要保持与地方的联系，这样才能更好地做好国会的工作。

可是，欧洲任何国家都不存在这种议员兼职地方行政职务的现象，也没有任何迹象表明那些国家的议员工作就做得不如法国人好。在议员津贴制度的问题上，我们也能听到同样的保守主义的陈词滥调。具体来说，现在的众议员每月可以领取一笔需要上税的议员津贴，金额是7100欧元，还有一笔6400欧元的职务津贴，被称为议员任职期间开支津贴（IRFM），可以享受全额免税。问题在于这笔职务津贴实际上不受任何监督，被当成额外的收入来发放。所以大致算来，议员可以得到双倍的工资收入，有一部分既不用申报，也不用缴纳相应税款。与其他国家的做法不同，法国的议员不需要向国民议会提交任何证明，就可以直接在个人的银行户头上收到这笔职务津贴，而且想怎么花就怎么花，没有任何关于这项开支的限制，不管是服装、房租、家具，还是餐饮和招待都可以。这些钱到底能花到什么程度？能不能用职务津贴来支付？谁都答不上来，反正什么都可以算是保证正常行使职务的必要支出。而新任的国民议会议长克劳德·巴托洛内还刚刚重申，这套制度绝对不能改，因为与其他欧洲国家相比，法国议员的收入相对较低，需要适当贴补。这样的观点实在是无法让人接受：法国议员如果只拿7100欧元确实不算收入最高，但加上职务津贴后能拿13500欧元，而且一半不用上税，那就超过了所有国家议员的收入水平。如果我们觉得7100欧元的收入不够高，因为比如有些外地的议员需要自付在巴黎的房租，还要承担自己在老家的住房负担，那就应该以公开、透明的方式适当提高他们的收入，而且还要让所有收入都接受和其他法国人一样的纳税标准，废除不透明的职务津贴制度。同样，目前的议员退休制度相对普通退休管理办法也完全是在另搞一套。特别是按照现行规定，议员只需要缴纳20年的社保费用，就能获得全额的退休金，而其他法国人却要缴纳40年的社保费用。我们经常听到的一个解释是，这是因为议员要缴纳双份的费用。这个理由说出来实在是太丢人了，因为议员的缴费只负担了他们退休金很少的一部分而已，大部分费用其实是由国家承担的，换句话说，是由全体纳税人来承担的。

另一个认为应该适当补偿议员的理由是，议员是冒着职业不稳定的风险在工作。这里提醒一下各位，最近那些反对征收资本利得税的人也同样用“风险”的理由来为自己的避税特权辩解。实际上这两种说法都很不厚道。试想一下，还有多少法国人也在从事着至少和他们一样不稳定的职业，难道也要为这些人分别设计一套特殊的退休制度和税收制度吗？仔细想想，还是让议员们接受和大家一样的退休制度更现实一些，哪怕为他们提高一点收入也未尝不可。在这里我不想蛊惑人心，也不是在鼓动大家抵制议会，相反，我完全尊重议员们的工作。但法国的税收和社会制度已经被那些形形色色的特殊和例外压得喘不过气来。议员们应该做的是给这套制度减负，而不是只顾着维护自己的避税自留地。议员们都说自己很熟悉基层的情况，但他们并不清楚，关于议员退休和津贴免税的特殊规定已经对公众舆论造成了严重的负面影响。如果他们能够率先做出表率，人们就会更容易接受那些大胆的改革方案，而这才是今天法国最需要的。

2012 年 10 月 22 日

默朗德[①]与欧元区：短视的自私自利

《解放报》

为什么法国和德国现在都不朝欧元区政治联盟和财政联盟的方向使劲？原因很简单，两个国家现在都在享受着不到 1% 的超低利率，面对 5% 高利率下深受煎熬而且还在不断滑向危机深渊的意大利和西班牙，它们当然乐得甩手不管。这实际上是一种短视的自私行为，因为（法国）两国最终都会因为欧元区陷入衰退而遭受损失。且不说没人能预料这会在南欧或其他地方引发什么样的剧烈政治动荡，往好里说，欧盟国家也会经历一个失去的 10 年，即忙于相互间的内斗，无法投资于未来。可是别忘了，我们有世界上最好的社会模式，我们也应该有世界上最好的大学，应该在 21 世纪的智力开发和可持续发展竞争中脱颖而出。

在各国只顾自身利益的小把戏中，很难说谁的罪孽更深。德国创

① 默朗德，指法国总统奥朗德与德国总理默克尔的组合。

下了高得离谱的贸易盈余纪录，可又有谁需要这么高的外汇储备？从国际贸易的角度来看，如果各国都争相仿效，这样的贸易政策是不可持续的。法国除了在经济、税收和社会保障制度方面改革不力外，在欧元区债务共担方面也没有提出一套详细的方案。目前唯一称得上具体的方案还是大约一年前由德国政府经济顾问委员会提出的“债券赎回基金”计划，具体想法是将各国超过国内生产总值60%以上的公债放在一起共同负担。这个建议很难称得上完美，尤其是它缺少政治方面的保障。一旦基金成立后，每年都要确定赤字的规模以及减除债务和共同债务发行的节奏，这就需要一个欧元区的财政议会经过公开、民主的程序来决定。而今天的欧洲完全采用了相反的治理方式，靠的是各国首脑峰会和部长理事会的私下协商来解决问题。不管怎样，这个建议还是有它好的一面，而法国甚至不屑于对它做出回应，也一直拿不出自己的方案。

接下来应该怎么办？首先强调一点，建立在17个不同公共债务水平基础上的单一货币是难以为继的。成员国在失去货币主权后本来应当通过债务共担的方式加以弥补，使各国面对的债券发行利率保持在一个较低而且可以预测的水平。要知道，如果公债水平接近国内生产总值的100%，市场针对利率的投机行为就会对公共财政产生巨大的破坏性冲击。意大利眼下的初级预算盈余①是国内生产总值的2.5%，也就是说税收超过公共开支的部分占国内生产总值的2.5%，只要一加上偿还债务利息这项，意大利就会被拖入赤字和债务的深渊。相比之

① 初级预算盈余，指未扣除应偿还公债利息之前的预算盈余。——译者注

下，法国和意大利所有高校的总预算大约只占国内生产总值的 0.5%。不管过去犯下什么样的治理错误，把这么高的代价和教育投资的绝望前景强加给意大利、西班牙和希腊是毫无意义的。面对这么高的不确定性，哪个国家还敢再迈出改革的一步呢？

欧元区的政治联盟和财政联盟同样是公平分摊责任的唯一解决办法。本次危机的后果之一是财产税在各国的广泛回归。就像意料之中的那样，欧洲各国的私人财产现在都达到了美好时代①以来从未有过的高水平，而人们的收入却止步不前。在西班牙，2008 年被前首相萨帕特罗宣布废除的巨富税又于 2011 年重新设立。在德国，社会民主党也打算重新设立一项财产税。在意大利，蒙蒂政府的新税收方案中最大一部分来自增加的不动产税和金融资产税。就连一向奉增值税为财政圭臬的国际货币基金组织也对此赞赏有加。问题在于，一旦离开欧洲国家之间的合作，特别是如果无法自动分享公民在海外掌握的金融资产信息，想要真正推行这项改革无异于登天。因此意大利重新开始征收 0.5% 的不动产税，但对金融资产只实行 0.1% 的税率，而实际上金融资产才是个人财产中最大的部分。

一方面，国际贷款人要求希腊向本国最富有的公民加大征税力度；另一方面，各国又拒绝通过建立财政联盟来保证这一目标的实现，反而敦促南欧国家走上大规模低价抛售公共资产的道路。我们什么时候才能看到各国政府拿出勇气来，推动政策的协调一致？

2012 年 12 月 17 日

---

① 美好时代，指从 19 世纪末到第一次世界大战爆发前的时期，此时的欧洲处于相对和平时期，资本主义和工业革命大力发展，欧洲文化和生活方式日臻成熟。——译者注

欧洲应该为意大利的选举结果负责

《解放报》

从法国的角度来看，贝卢斯科尼在意大利议会选举中意外复出，民粹势力高票崛起，政治动荡即将出现，这一切似乎都很难理解。其中当然有贝卢斯科尼特殊的个人原因，但一味推说这是意大利的特殊现象，把它与法国的现实和法国的责任之间的关系完全撇干净，也未免过于草率。看看法国自己，不也同样出现了令人不安的选举投票倾向吗？比如极右翼的勒庞父女，就有过多次让国外观察家们大跌眼镜的表现。

喜剧演员贝佩·格里洛（Beppe Grillo）在提出设立最低收入和举行退欧全民公决的倡议后在意大利迅速走红，吸引了无数的左派选民，也得到了像达里奥·福（Dario Fo）这样的知识分子和作家的支持。这让人不禁想起了当年法国喜剧演员"科鲁彻"的意外走红，他在 1980 年年底和 1981 年年初的大选民意调查中曾经获得 15% 以上的支持率，得到知名学者皮埃尔·布尔迪厄和吉勒·德勒兹的支持，后来迫于政治压力才宣布退出总统竞选角逐。从两人受到民意青睐的背后都能看出，那些野心勃勃的政治精英缺乏信守承诺的勇气和决心，早已失去了民众的信任。谁又敢说同样的一幕不会在法国再次上演？

意大利大选之所以会吸引我们的注意，首先是因为意大利人对欧洲一体化日益增长的不信任有一部分就源于我们的自私和冷漠。要知道就在不久前，意大利人还一直是所有欧洲国家当中最坚定的挺欧派。欧盟各国领导人，特别是法国和德国这两大经济和政治强国的领导人，应该为欧元区今天的糟糕处境承担大部分责任。这种糟糕处境正在对南欧国家的政治格局产生越来越大的影响。

躁动的星星之火随时都可能在希腊或西班牙燃起熊熊烈焰。西班牙在 2014 年还要就加泰罗尼亚的独立问题举行投票，政治风险居高不下。有人常说，欧洲中央银行是唯一强大的联盟机构，它成功地让金融市场相信，欧洲央行会时刻准备对欧元进行救助，这样就可以让欧元走出危机。但事实是，单凭欧洲中央银行的力量根本不足以保证货币联盟的平稳运行。最有力的证据就是，意大利和西班牙还要继续承担比德国和法国要高得多的债券利率。2012 年，意大利大幅削减开支和增加税收，特别是设立了新的不动产税以及金融资产税，但因为缺乏欧洲其他国家的相应支持，税率只有前者的 1/8。这样一来意大利的初级预算就出现了盈余，财政收入超过支出的部分占国内生产总值的 2.5% 以上。但这项政策并没有让意大利摆脱债务危机的旋涡，反而让它陷入了经济衰退，光是需要支付的公债利息就超过了国内生产总值的5%，以至于意大利的次级预算赤字（也就是真正反映国家公债变化情况的赤字率）最终还是突破了国内生产总值的2.5%。举国上下的努力似乎也付诸东流。

马里奥·蒙蒂的政策得到了欧洲其他国家的吹捧，但对于意大利人来说，这一切都很荒唐。于是理所当然地，贝卢斯科尼推出了新税偿债的计划，格里洛也提出了退出欧元区的方案。说实话，这种情况非常符合意大利人的传统，这个国家经常会为了应付之前债务赤字产生的利息有意创造出超高的初级预算盈余。1970—2010年，意大利是八国集团中唯一一个初级预算保持基本平衡的国家，平均下来，它的财政开支几乎从未超过收入。但同时意大利也是债务负担增长最迅猛的国家，因为它的债务利息平均超过了国内生产总值的6%，而其他国家只有2%~3%的水平。与以往不同的是，以前意大利可以通过货币贬值来摆脱困境，重新走向财政平衡。欧元计划实施以后，各国都放弃了货币主权。按常理，各国也应当建立公债共担的机制，这样才能让各国享受较低而且可以预期的利率水平。这就需要对预算共同表决，以一种透明的民主方式，召集各国议会中负责财经事务的委员，成立一个真正的欧元区财政议会。如果德国和法国不能摆脱自私自利的想法，推出这样的解决方案，新的政治动荡风险就依然存在，而且会比意大利大选投票带来的风险更大。

2013年2月25日

小国家，大成本

《解放报》

经过数月受尽批评和摇摆不定后，法国政府终于决定暂缓向俄罗斯交付武器。在此之前，乌克兰危机已经造成了数千人的死亡。实际上，法国与俄罗斯之间的军舰交易只有区区 10 亿欧元，与人权和地缘政治方面的重要性，以及这些战略武器交付后可能带来的军事风险相比，完全可以说是蝇头小利。为了说明这一点，可以想想不久前美国司法部门从巴黎银行轻松拿走 60 多亿欧元的案子。假设法国政府也想让这家法国和欧洲的第一大银行交出这么一大笔钱，可想而知会招来多少口水！乍看上去，这两个数字之间并没有什么关联，但实际上它们是同一事物的两个方面。在新的世界经济格局下，对于一个小国，维持生存的成本正在变得超乎想象，结果往往是不得不接受那些越来越不能接受，甚至违背自身价值观的事情。

为了区区数十亿欧元的出口生意，现在我们已经打算不分对象什么都卖，打算就做一个避税天堂，让寡头们和跨国公司缴纳比中产阶级和普通百姓更少的税，打算与落伍的产油国酋长们结盟，只求能给我们的足球俱乐部带来好处。相反，尽管美国利用强大的司法制度独断专行，在世界范围内向包括法国、德国和阿根廷等国强行征收高额罚款，我们也只能默默接受大国制定的游戏规则。而所有的欧洲国家，当然包括法国和德国（刚刚爆出美国国家安全局窃听事件的丑闻），正在越来越向小国的方向发展，随时准备牺牲一切、忍受一切。因此，摆在当代欧洲国家面前的优先议题，应该是建立欧洲价值观和社会模式基础上的政治联盟。

可是这个联盟的构想却始终在原地踏步。令人欣慰的是，一位波兰籍人士刚刚被任命为欧洲理事会主席，我们姑且可以把这看作政治联盟东扩取得的成就。欧盟 28 国的人口已经超过 5 亿，累积的国内生产总值也已超过 15 万亿欧元，也就是接近全球 1/4 的水平，足以向外强推自己的决定和制裁，特别是针对经济和金融力量只有欧盟 1/10 的俄罗斯。如果采取坚决的制裁行动，俄罗斯根本抵抗不了太长时间。与此同时，波兰籍的欧盟总统也强调说，虽然欧元区拥有 3.5 亿人口和 12 万亿国内生产总值，现在已经成为欧盟的政治和经济核心，但波兰根本无意在现阶段加入欧元区，因为不管是在世界的眼里还是在欧洲人的眼里，欧元区越来越像一个失败的象征。

现在已经到了痛下决心的时候，如果欧洲想要迈向政治联盟，特别是在预算、税收和金融领域实施统一政策，唯一的办法只能是在欧元区少数成员国的范围内建立新的民主议会制度。通过这个欧元区的议会和对它负责的欧元区财政部长，就可以光明正大地投票决定经济振兴计划，制定共同的赤字水平、公司所得税率和银行管理办法，赋予欧洲中央银行政治和民主的抗衡力量，而不会像现在这样面对危机时束手无策。当这个强化的联盟展现出行动的效率以及发挥政治决策和社会进步的能力时，欧盟内部的其他成员国就会产生加入这个硬核的愿望。什么都不干光靠等，事情是不可能自己解决的。

法国、意大利以及其他一些国家的政府现在就应该拿出新的方案。反复强调条约不可能修改没有任何意义，因为实际上 2012 年这些条约就经历了 6 个月的调整，将来还会再出现修改。虽然德国可能担心在赤字水平的选择问题上会处于少数，但它不会一直拒绝真正的强化版政治联盟方案，因为在这个欧元区的议会中，德国显然有着绝对的人口优势。法国政府也不能在未来三年中一味坐等经济的复苏。奥朗德在 2012 年就犯了个大错，以为采用强制削减赤字的办法就可以让法国恢复增长。现在到了认错并做出改变的时候了，否则为时晚矣。

2014 年 9 月 8 日

竞争力与就业减税

《解放报》

如果政府不马上采取措施，竞争力与就业减税方案就将成为奥朗德任内象征性的政策败笔。它就像奥朗德身上长出的一个瘊子，真实地反映出本届总统执政的短板——面对税收和社会模式无力推动大刀阔斧的改革，只知道往早已不堪重负的体制上添加烦琐的摆设。奥朗德总统和瓦尔斯总理都喜欢自诩为大胆的改革者，或是强调供给的社会主义者与老朽的左派势力不共戴天。摆出这样的姿态未免有些滑稽，事实上他们根本没有推动任何实质性的改革，不管是在税收、社保缴费还是竞争力等问题上，总是在不断地修修补补，或者拍脑袋办事。如果眼下采取行动或许还有可能改变事情的进程，特别是在竞争力与就业减税方案的问题上。但必须从今年秋天就开始动手，否则为时晚矣。

回过头来看，在法国，雇主社保缴费已经成为压在工薪阶层身上的一座大山，减负已是缴费模式改革的当务之急。这么说绝不是为了讨好雇主，而是因为社保融资过度依赖私营部门工薪的做法既不公正又缺乏效率。实际上，如果把法国和实施社保的同等规模国家做个比较，就能看出法国的主要特点在于雇主社保缴费的比重大。其整体费率高于40%，其中大约一半用于退休金和失业保险，另一半用于医疗、家庭补助、建筑、培训等项目。改革的目标应该是把后面这部分融资转移到更宽广、更公平的税基上。

对于右派，通过无限提高增值税来增加税收是个好办法。可是这么做对于低收入人群负担实在太重。唯一的办法就是采用累进制普摊税，让所有收入来源统统纳入税基，包括私营和公共部门的工薪收入、退休养老金收入、财产收入等，最后根据个人总的收入水平来确定累进税收标准。

如果不在选举前就开始讨论这些问题，执政的左派将会一直靠拍脑袋来办事。奥朗德2012年夏天当选总统后，首先取消了前任刚刚制定的雇主社保缴费减免措施。刚过半年，他又发明了竞争力与就业减税的办法。不仅如此，他还推出了自己在上任前极力反对的提高增值税方案。竞争力与就业减税方案更像一种拼凑的做法，却成为政府经济政策的核心，它让奥朗德多少有了和前任总统政策区别的谈资。问题是，这种旁门左道似的撑门面做法其实浪费了大量的公共资金。

总统、总理和技术官僚部门之间就像在踢皮球，总是辩解说会有时间从头再来，用长久的雇主社保缴费减免方案来代替竞争力与就业减税办法。每个人私底下都承认竞争力与就业减税办法缺乏效率，但事情却始终停在那里。实际上，如果奥朗德不在今年秋季前下决心切掉自己身上长出的这个"瘊子"，一切都无从谈起。因为2015年的竞争力与就业减税是按照2014年支付的工资总额发放，这笔欠款现在已经产生，要想取消为时已晚。如果要从2016年1月1日起废除它，代之以社保缴费减免方案并在当年实施，议会就必须在2014年年底前采取措施。不迈出这一步，2017年之前就将一事无成。2017年1月1日距离大选和议会选举只有几个月的时间，也不太可能出现任何政策上的变化。不管是这个议题还是别的议题，特别是关于欧洲的议题，现在挽回本届总统任期的败局还有时间。如果法国和意大利最终提出政治与财政联盟的新方案，特别是成立欧元区议会，开始对经济振兴方案和赤字水平等议题进行投票表决，则德国很难一直拒绝这一欧洲民主改革的远景规划。在这些议题上，现在就应该马上动手，否则奥朗德就将陷入束手无策的境地。

2014年10月6日

从业补助金：又一项失败的改革

《解放报》

随着从业补助金的实施，政府正在坐实奥朗德任期内最失败的一次改革，其影响大概与竞争力和就业减税不相上下。这两件事都透露出他拍脑袋办事、能力低下还没羞没臊的做派，只不过这次受害的是领薪者。政府拒绝推动任何大规模的税收改革，其实就等于固守错误。好消息是这项方案还可以得到修改，前提是社会党议员们不再像个橡皮图章那样例行公事。

具体来说，就是低薪工作者原来可以享受两项政策性补贴，即就业补助金和积极互助收入，现在因为效果不好，政府打算将它们合并为从业补助金一项。

就业补助金的好处是自动运行，只要领薪者填好工资情况和家庭状况，然后在收入申报相应的栏目内打上钩，就可以自动领取这项补助。问题在于，法国是发达国家中唯一没有普及从收入源头征税的国家，在所得税的管理上存在一年的延迟，因此就业补助金的发放也同样存在一年的延迟。经过 21 世纪头几年的提高后，从 2008 年开始，历届政府都采取了冻结就业补助金标准的做法，成功从低薪工作者身上抠回了几百亿欧元的盈余。

积极互助收入遇到的问题正好相反。2009 年设立这项补助收入的目的是鼓励领取最低收入的人去找一份低薪工作。负责管理这项补助收入的是家庭补助管理局，原则上每个季度会对最低收入标准进行调整。但大部分涉及的领薪者并没有提出申请，也许是因为申领程序既复杂又让人没有面子。反正根据官方的统计，只有不到 1/3 的人真正领到他们应该享受的这份收入。这种放弃权利的现象又让历届政府从穷人身上省了一大笔钱，很多人对此却无动于衷。

政府现在提出的办法是什么呢？大致来说，就是废除就业补助金，代之以从业补助金，后者的运行办法类似目前的积极互助收入。换句话说，政府选择的是推广一项申请比例低得可笑的补助制度，因为它很清楚，有上百万的低薪工作者什么也领不到，于是就在这项补助金上继续打自己的小算盘，继续走以前的老路。

那到底应该怎么做才好？最低限度的要求应该是，如果领薪者的从业补助金低于普摊税和从源头征收的社保缴费，就用降低普摊税和社保缴费的办法来代替就业补助金。如此一来，所有涉及的领薪者都可以享受到每月净工资上涨的好处，因为之前放弃申请补助带来的所有问题也会随之迎刃而解。

举个涉及几百万人的具体例子来说明。假设一个领取法定最低工资的全职员工每月领取的毛工资大约为 1460 欧元，需要从中扣除超过 300 欧元用于普摊税和社保缴费（大约占毛工资的 22%），其中将近 120 欧元用于普摊税（占毛工资的 8%），最后真正领到的净工资是 1140 欧元。实施从业补助金办法后，一个领取法定最低工资的全职单身员工将可以每月领到 130 欧元的从业补助金（条件是他首先要提出申请）。

可是这样做又有什么意义呢？一边是清清楚楚地（因为这是从源头征收）从法定最低工资领取者的净工资中每月扣掉 300 欧元，另一边又以不确定的方式每月补给他 130 欧元的从业补助金。更好的办法应该是直接把最低工资领取者每月要交的普摊税和社保缴费先减掉 130 欧元。这样还有一个好处，就是可以明白无误地告诉大家，低薪工作者和其他人一样，也是纳税负担很重的法国公民（普摊税、社保缴费、增值税和其他间接税），甚至可能比许多脱逃税款者和特权阶层缴纳更高的税，而不是一群靠公共慈善和救助活着的人。

既然这样，政府为什么还不愿意走这条路，从低薪工作者开始设立优惠的普摊税税率呢？其实，退休金较低的人早就在享受这样的优惠税率，只要议员们下定决心，这种制度安排就可以完美地扩大领薪者的范围。事实上，政府担心会被一点一点地逼上之前已经许诺后来又选择无限期推迟的税制改革道路，所以现在就算会剥夺数百万低薪者的合法权益也在所不惜。

2015 年 5 月 18 日

万无一失的政策还不够

《世界报》

很明显，恐怖主义不断从中东地区的不平等火药桶中得到好处，而我们又对这一地区的不平等负有很大的责任。“伊斯兰国”直接产生于伊拉克政权的解体，或者从更广泛的意义上来说，产生于这一地区1920年以来建立的边境体系的崩溃。

1990—1991年伊拉克兼并科威特后，西方联军出兵干预，把油田夺回后归还给酋长们和西方的石油公司。新一轮不对称的高科技战争循环也随之同时开启，数百名联军士兵的死亡换来了科威特的解放，伊拉克方面也有数千人的伤亡。在2003—2011年的第二次伊拉克战争中，这一冲突被推到了极点，大约有50万伊拉克人死亡，换来超过4000名美军的阵亡，这一切也是为了替“9·11”事件中的3000名遇难者复仇。经过巴以冲突中极端不对称的人员伤亡以及陷入政治僵局等因素放大后，今天那些“圣战者”又用它来为自己犯下的所有残暴罪行辩护。但愿经过美国的彻底失败后，法国和俄罗斯采取的行动能减少伤亡损失，不会引来更多的“圣战者”。

除了受宗教对立的因素影响外，该地区的政治和社会制度还受到先天条件的制约，因为石油资源过度集中在狭小的无人区而变得脆弱。而且如我们所看到的那样，不仅财富的集中使这一地区成为地球上最不平等的地区之一，就连在那些石油王国的内部，不平等现象也达到了顶峰。西方民主国家一边传播民主和社会正义，一边又在军事和政治上支持这些政权，我们很难想象这会对中东的年轻人造成什么样的影响。

为了赢得人心，就应该告诉各国人民，我们更关心的是这一地区的社会进步和政治一体化，而不仅仅是我们的经济利益，更不是与当地王室家族的金钱关系。

具体而言，石油财富应该首先被用于地区发展。2015 年，埃及的教育系统总开支预算低于 100 亿美元（约合 94 亿欧元），而埃及的人口现在已经高达近 9000 万。与此同时，沙特阿拉伯的人口只有 3000 万，每年仅从石油开采中获得的收入就高达 3 万亿美元。同样，30 万卡塔尔人的石油收入也在 1 万亿美元以上。如此不平等的发展模式最终必然导致灾难性的结果，支持它就等于犯罪。

至于那些关于民主和选举的豪言壮语，不能在结果对我们有利时才说。2012 年，穆罕默德·穆尔西通过正常选举当选为埃及总统，这在阿拉伯的选举历史上也是一件重要的大事。到 2013 年，他又被军人驱逐下台，同时还有数千名穆斯林兄弟会的成员被迅速处决。穆兄会参与的社会活动曾经起到了缓和国家公共资源短缺的作用。几个月后，法国为了向埃及出售护卫舰，争夺该国仅有的部分公共资源，居然把这些事情一笔勾销。但愿这次的民主逆流不会造成像1992年阿尔及利亚选举进程中断一样的病态后果。

剩下一个问题：为什么那些从小在法国长大的年轻人会分不清巴格达与巴黎郊区的区别，把在巴格达正在发生的冲突往这里引呢？没有什么可以作为借口，来为他们血腥、狂妄和可悲的背叛社会的行为辩护。最多可以说，他们在失业和应聘时受到的工作歧视可能造成了负面的影响，特别是那些在文凭、工作经验等方面有着良好条件的人更是深受其害。欧洲在危机之前吸收的移民净流入曾经高达每年100万人，失业率却一直在下降。欧洲应该重振一体化模式，创造更多的就业机会。紧缩政策是导致各国自私自利和群体归属紧张感的原因，所以只有通过公平的社会发展才能战胜相互间的仇恨。

2015年11月22—23日

关于欧洲的移民形势

皮凯蒂博客（piketty.blog.lemonde.fr）

正当法国年轻人走上街头抗议失业和灵活就业的时候，奥朗德刚刚做出决定，黯然宣布放弃通过修宪取消双重国籍，而数以万计的难民此时也正聚集在希腊，等待被强制遣送到土耳其。我们要搞清楚一点：纷繁复杂的现实其实都是欧洲政策失灵的表现，不管是在应对经济危机，还是在创造就业，以及社会融入和社会进步等方方面面。

而欧洲其实完全有能力在降低失业的同时吸纳更多的移民，这才是最让人沮丧的。为了证明这一点，不妨先来看看有关移民的数据。

首先要说明一点，移民流动的数据很难精确统计，目前掌握的估算数字都存在瑕疵。2015 年年底，由联合国发布的《世界人口展望》报告是目前最权威的世界人口数据，从中可以看出一些大致的走势。

第一眼看上去就能发现，2000—2010 年欧盟的净人口流入平均每年约为 120 万人。这一数字看起来很巨大，但如果和欧盟超过 5 亿的

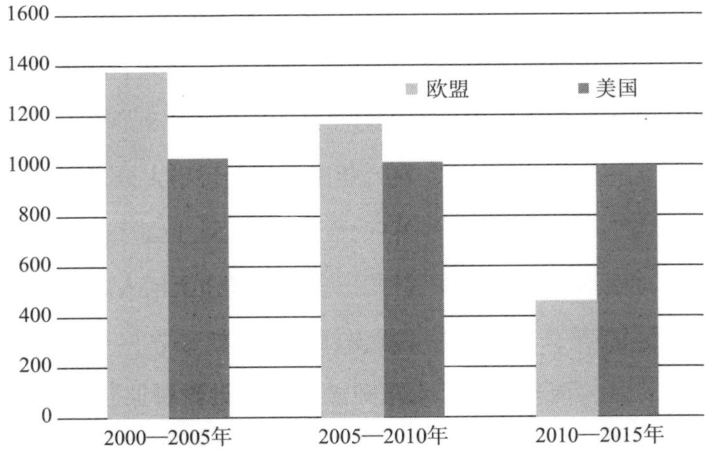

图 10　欧盟与美国的年平均移民流动情况（扣除流出人口）（单位：千人）

资料来源：联合国 2015 年《世界人口展望》

总人口相比，就只相当于每年 0.2% 的增量。在离今天不算远的这段时期，欧盟曾经是世界上最开放的地区（同期美国的净人口流入大约为每年 100 万人），而这并没有带来太大的问题：欧洲国家就业增长、失业下降，至少在 2008 年金融危机爆发之前一直如此。

这场金融危机，尤其是欧洲为了应对危机采取的灾难性紧缩政策，导致 2011—2013 年经济活动出现骤降的荒唐结果，这才是欧洲失业和排外情绪上涨，以及移民流入下降为近 1/3（根据联合国的数据，2010—2015 年欧盟的移民净流入约为每年 40 万人）的真正原因。这一切正好又赶上中东地缘政治局势和难民危机的演变需要欧洲更加开放的当口。

更荒谬的是，美国本来是 2008 年危机爆发的源头，但通过灵活的财政政策提振了经济，并在 2010—2015 年将移民净流入维持在每年大约100万人的水平，但在对待叙利亚难民和更广泛意义上的穆斯林人口方面却比欧洲更封闭。

从欧盟内部的移民人口流入分布来看，也可以发现危机造成的影响后果。如果按整个2010—2015年平均数计算，每年有近100万移民净流入欧盟国家，各国之间的分配相对均衡，德国、法国、英国、意大利和西班牙五大国中每个国家每年的移民流入人口为10万~20万。德国在2000—2010年相对开放度较小，但在2010—2015年却明显位居移民流入国的前列，而西班牙又变成了移民净流出国家。总体而言，2010—2015年，意大利、西班牙和英国的移民净流入最高，紧随其后的是德国和法国。

联合国的数据并不完善，没有将2015年的移民人口流动情况统计在内。虽然对这一数据进行分析还有待时日，但至少目前来看已经达到了非常高的水平。根据德国政府的统计，仅仅2015年中就有100万难民涌进了德国。而根据欧洲统计局的数字，2015年有40万份难民申请表被提交到德国当局。不过有一点可以确定，虽然当前移民数量非常庞大，但相比2000—2010年的移民统计数据，并不像人们想象的那么特别。

结论不言自明：如果欧洲——特别是在德国和法国带领下的欧元区——采取共同政策（延迟公债偿付、拉动经济增长、投资教育和基础设施、实行大公司统一税收、设立欧元区议会），欧洲各国完全有能力迎接更多的移民，也不至于因为和土耳其达成可耻的遣送移民协议而名声扫地。

2016年3月31日

一团糟的《劳动法》

皮凯蒂博客（piketty.blog.lemonde.fr）

眼下社会关系已经紧张到了威胁国家运转的程度，政府还不愿意开展对话做出妥协，充分暴露出《劳动法》一团糟的本来面目，给奥朗德失败的总统任期又加上了一笔，而且很可能是最严重的败笔。政府想让大家相信它，是因为改革才遭到了惩罚，而且它是面对各种保守主义的进攻在孤军奋战。可事实完全不是这样：不管是在《劳动法》改革还是其他之前的议题方面，现政府一直都在拍脑袋办事，而且满嘴谎言，只知道拆东墙补西墙。

在关于提高竞争力的议题上我们就已经领教了这一切。本届政府先是错误地取消了上届政府制定的雇主社保缴费优惠政策，然后又搞了一套不靠谱的制度，以减税的名义返还企业上一年度缴纳的部分社保费[①]，但由于这套设计过于复杂且推出时间太短，最终受益者并不多。政府本来应该考虑的是推出一套大规模的社保融资改革方案。

从《劳动法》改革一事，我们彻底见识了本届政府一贯的拍脑袋做事和没羞没臊的风格。之所以2008年以来失业率一直在不断上升（迄今为止已经增加了近150万名失业者：2008年失业者中的A类失业者[②]有210万人，2012年达到280万人，2016年为350万人），并不是因为《劳动法》突然变得不合时宜，而是因为2011—2013年，法国和欧元区采取了与美国和其他国家背道而驰的做法，实施了过度紧缩政策，结果导致经济出现违反常理的下滑，把来自大洋彼岸的金融危机演变成欧洲内部无休无止的经济衰退。如果法国政府能够首先承认自己犯下的错误，并从中吸取教训，着手推动欧元区和财政标准的民主改革，那么关于法国自身改革（也是必须推行的改革）的讨论就会容易得多。

围绕《劳动法》本来很值得深入探讨一番，但现在的这个结果实在令人遗憾。越来越多法国企业选择与雇员签订固定期限劳动合同（CDD），但这并没有减少失业的现象。当务之急应该制定一套奖惩机制，让那些利用就业不稳定和失业保险大做文章的雇主付出更大代价。从更广泛的意义上来看，应当把固定期限合同限制在真正需要的情况下，而把无固定期限合同（CDI）作为企业录用新员工的标准合

---

① 参见《竞争力与就业减税》一章。

② 根据法国国家经济与统计研究所定义，失业者按照当月工作时间分为A—E共5类，其中A类失业者是指当月没有从事任何工作的人，即最严格意义上的失业者。——译者注

同，同时明确解除合同的条件，因为里面往往含有太多的不确定性，不管是对员工还是对雇主都是如此。在这方面完全可以开展有交换条件的均衡改革，但遗憾的是，政府却始终未向民众做出说明。

目前争论的焦点在于《劳动法》的第二条，按照这条规定，今后企业协议将成为新的标准，可以与行业协议和国家法律的规定不同，特别是在劳动时间安排和加班费支付方面。这个问题很复杂，绝不是一两句话就能回答清楚，从法律草案的厚度也能看出来（草案全文共588 页，仅第二条的规定就占了 50 页）。显然有些比较特殊的决策，比如关于休息和工作时间的安排只能由企业层面来拍板。相反，还有另外一些属于结构性的规定应当放在国家层面来讨论，否则企业之间的竞争就有可能导致社会倾销的结果。例如，有些国家在带薪假期方面没有全国性立法，在那里工作尽管工资会不断增长，但假期很可能一直只有寥寥几天，放在整个地区来看就显得不合常理。

谈到企业协议，有些人认为 21 世纪前十年中它在德国的盛行也是德国模式取得成功的关键因素之一。[①] 关于企业协议的争论是开放的，也是合理的。不过需要着重指出两点。首先，有必要提醒大家，德国在就业方面能取得良好业绩，部分原因在于它高出正常水平的贸易盈余，在过去 5 年中占国内生产总值的比例都超过了 8%。换句话说，德国每生产 100 欧元的产品或设备，只有 92 欧元留在国内消费

---

① Voir Christian Dustmann, Bernd Fitzenberger, Uta Schönberg et Alexandra Spitz-Oener, « From Sick Man of Europe to Economic Superstar. Germany's Resurgent Economy », *The Journal of Economic Perspectives*, vol. 28, n° 1, hiver 2014, PP. 167-188, <http://www.jstor.org/stable/43193721>.

和投资。历史上根本找不出这样的例子，从来没有一个如此体量的经济体能够在如此长的时间里维持如此高的贸易盈余。

当然，有部分原因来自德国社会和工业模式的优势，另外特别值得一提的是，德国抓住了21世纪初欧洲东扩的机会，成功融入中东欧地区的新经济圈。不过企业协议盛行和产地之间竞争加剧造成的超低工资成本也是德国经济成功的因素之一，这实际上等于靠低成本抢走了邻国的部分经济活动。如果这种策略在整个欧洲地区推广开来，从根本上它就注定要走向失败，因为世界上还没有哪个国家能够消化掉如此巨量的贸易盈余。相反，它只会加剧当前的衰退趋势，把欧洲大陆引向以低增长、低工资和高负债为特征的长期道路。

其次，也是更重要的一点，德国模式的动力来自强大而具有代表性的工会。考虑到法国工会的弱势地位和有限的分布，想要在企业层面订立均衡的协议似乎有些异想天开。在这种情况下，更可行的办法是对《劳动法》第二条进行修改，采取倾向于行业协议的做法。因为在当前法国的工会主义现实下，行业才是最合适也是最有希望的劳资协议层面。就像巴黎经济学院研究员托马斯·布雷达的研究所表明的那样，法国大部分企业几乎都没有设立工会代表，不仅是那些小企业，中型企业也是如此，部分原因在于它们在现实中确实在工资方面会受到歧视。这里我们可以再次感受到大部分法国雇主熟悉的冲突文化，就像雇主协会（MEDEF）老板刚刚对法国总工会（CGT）发出的侮辱性言辞所表现的那样。而在北欧国家，工会代表数十年来一直在董事会中（瑞典占1/3席位，德国占1/2席位）发挥着重要作用，雇主也完全清楚员工多参与企业决策带来的好处。这种共同决策的模式始于第二次世界大战结束以后，未来还有改善的空间。比如可以给予员工在股东大会上的表决权，使股东大会成为股东和员工共同参加的大会，通过它来任命董事，为双方制订有利的企业发展规划。但目前看来，法国在劳资协商和经济民主方面仍处在摸索阶段。

从更广义的角度来看，《劳动法》的主要缺点还在于没有充分考虑法国工会的弱势以及应对的手段。更糟糕的是，《劳动法》包含的部分条款还有可能进一步弱化工会和工会代表的影响，特别是第 10 条中关于企业内部全体投票的计票规则。它的目的是想采用全体表决的方式，让雇主强制推行代表 70% 企业员工的工会可能拒绝的协议，这看起来更像是在敲诈勒索。我们知道在某些情况下，法国工人民主联盟（CFDT）会从中受益，因为这可以让它凭借 30% 的票数绕开其他工会，特别是法国总工会，直接与雇主达成协议。总之，这种绕开行业选举（每 4 年举行一次）的做法等于是工会代表制度改革取得微弱民主进步的倒退。这些改革 2004—2008 年才刚刚开始，第一次赋予工会对签署企业协议 50% 的表决权。而按照之前的老办法，法国 1945 年以后成立的五大工会每家都可以签署协议，不管它们在企业中占多大的比例，但这种办法在法国社会模式下几乎没有成功过。所有国外的经验都表明，经济民主需要中间力量的帮助，而把一大部分工会和社会成员打发到对立面，让他们感受到挫折，是不可能摆脱当下危机的。

2016 年 6 月 2 日

对于《解放报》，自由意味着什么？

《解放报》

《解放报》当下面临的危机至少带来一个好处，就是它提出了一个根本问题：企业一旦落入大股东之手，尤其是被一位自恃位高权重的股东把持的时候，自由意味着什么？身处21世纪的我们应该创造出一种什么样的企业轮流治理形式，才能避免强势股东的大权独揽，最终实现对资本和生产要素的民主监督与参与呢？苏联的反模式没落之后，有些人曾经幻想这个永恒的问题终于可以迎刃而解了，但事实却是它从来就没有离开过我们。特别是在通常采用协会或基金会这种混合所有权结构的报业，以及广义的媒体行业，焦点问题主要集中在两个方面：一是保证新闻报道的独立性，二是推动融资模式的创新。面对激烈的竞争和新闻碎片化的威胁，当前的媒体行业正经历着一场严重的危机，因而最近又重新引发了人们的关注。有鉴于此，我们应该对整个体制进行再思考，就像哈佛大学和巴黎经济学院的经济学家朱莉娅·卡热（Julia Cagé）在她的新作中所阐述的那样。

资本所有权表现为不同形式的问题在整个文化教育领域，乃至世界各地都普遍存在。据我所知，从未有人提议要把哈佛大学改制成股份公司，虽然它吸收的捐款早已超过了欧洲最大银行的股东权益。再举一个更小的例子，巴黎经济学院基金会的章程上规定，董事会的私人创立者席位数可以随投资的股本适当增加，但无论如何都应该维持在明显低于公共创立者和科研负责人数量的水平。这其实是件好事，因为不管是心地善良为大学捐资的个人，还是慷慨投资报社的股东，都有可能出现滥用权力的现象，提前做好预防工作很有必要。

说句实话，关于权力分配的问题在各个行业都存在，不管是服务业还是工业部门，都会采用各种企业轮流治理的模式。比如，德国的员工比法国的员工有更多机会参与企业的实际管理，而且显然这并不妨碍他们生产出质量很高的汽车。纪尧姆·杜瓦尔（Guillaume Duval）也在《德国制造与超越神话的德国模式》一书中不失时机地指出了这一点。

《解放报》今天面临的问题要更尖锐一些。大股东之一布鲁诺·勒杜（Bruno Ledoux）似乎对避税天堂之类的手段青睐有加，也借此逃了不少税。他很不屑地直言道："拯救《解放报》就要靠政府砸钱补贴。"然后又解释自己这么说是想"让为那些家伙掏腰包的所有纳税人都来见证"。这些令人瞠目的话语对报社记者无疑是闻所未闻的粗暴言论，虽然勒杜一直在强调自己确实想拯救报社。这番话听来似乎不那么真实，但和同一天披露的所谓改组方案其实同出一辙，而该方案的目的就是要把记者们扫地出门，完成《解放报》品牌的货币化改革。

这种语言上的暴力，这种金钱至上、金钱万能的暴力，包括那些愚蠢至极的言论，伤害了我们所有人，不管是作为公民还是《解放报》的读者。我们可以对报纸的内容感到失望，但只要打开新闻频道，耳边听着不断滚动的快讯，我们就不会忘记，如果没有新闻媒体提供的报道和对比所带来的思考时间和空间，民主制度就不可能正常运转。

《解放报》要坚持办下去，就有必要揭露那些四处散播的谎言。新闻媒体绝不是靠公共慈善维持的事业。《解放报》作为企业所缴纳的税费远比它得到的补贴要多得多，顶多可以说它纳税时的整体税率会比私营经济的平均水平略低一些。

我们把这个问题放在一个更大的背景下来考虑。按照法国的模式，全国每年创造的财富大约有一半会流向各种税收和缴费，为基础设施、公共福利和集体保障提供资金，让每一个人都从中受益。既没有人只是付出，也没有人只是接受，每个人都既有付出又有接受。在一些被称为纯粹私营部门的行业，销售收入都被用来支付企业的所有成本，但这并不是说他们就不能享受公共基础设施的服务。而在另一些行业，如医疗和教育领域，公共服务的使用者实际支付带来的收入只能抵消这些服务成本的很小一部分。之所以选择这种制度安排，一方面是为了保障人人享受公共服务的平等权利；另一方面也是因为经过漫长的历史积淀后，人们确信，生产者为追求利益最大化而展开完全竞争的模式并不总是最适合的，甚至根本不适合。文化创意和媒体行业的情况就处在以上两种行业的中间位置。我们都珍惜生产者在竞争中表现出的独立性和活力，但始终对万能的股东心存戒心。为了打造一个可行的办报模式，也许我们应该接受这样一种观念：让报社的销售收入占整体融资的比重也处在中间位置，比高等教育要高得多，但比化妆品行业又要低得多。当然还有最后一点，一定要把行业内泛滥的股东权贵们彻底赶出去。

2014 年 2 月 24 日

拯救媒体

《解放报》

我们能不能从数字革命中获得最大收益，在新的起点上重塑媒体和民主制度呢？朱莉娅·卡热在一本充满乐观精神的小册子中提出了这个问题，让我们读后不禁为之一振。她从历史的角度对当下的危机进行了一番梳理，提出可以在权力分享和众筹的基础上创立一套新的数字媒体发展模式。[①] 我们都很清楚近年来社会发展带来的灰暗一面。受到销量和广告骤减的打击，媒体逐渐落入财力殷实的亿万富翁手中，代价往往是报道质量的下降和媒体独立性的缺失。我们也知道很久以前法国电视一台就已经是布依格集团旗下的机构，《费加罗报》也属于达索家族。而达索家族作为政府订单的主要供货商，一直对政治生活有着重要影响。

---

① *Sauver les médias. Capitalisme, financement participatif et démocratie*, Le Seuil, La République des idées, 2015.

从2007年起，法国第一大经济日报《回声报》也被路威铭轩集团（LVMH）的老板、法国首富贝尔纳·阿尔诺（Bernard Arnault）收入囊中。最近，《世界报》和《解放报》又分别被皮埃尔·贝尔热和勒杜联手收购。从奢侈品到电信业，再到金融、房地产，只要是财富涉足的领域，就有慷慨的股东准备伸出手来拯救落魄的报纸。在卡热看来，问题在于这会导致权力集中在少数人的手中，这些人既没有办报的能力，也绝非大公无私。这些"救世主"的主要目的就是想裁减员工、提高利润，而且还有滥用权力的坏习惯。贝尔热最近就对《世界报》记者报道瑞士泄密案逃税丑闻[①]一事表示不满。他满不在乎地说，记者不可能因为这些报道就"获得独立性"。而在《解放报》，大家也都还记得大股东勒杜关于记者的不屑之词："我要让为那些家伙掏腰包的所有纳税人都来见证。"同时，每个人都不会反对，一家受到不公正对待但还活着的报纸总要比一家受到尊敬但已经死去的报纸强。那么，除了哀叹命运之外，我们还能做些什么呢？首先，应该从长远的角度来看待当下的危机。卡热告诉我们，媒体并不是第一次面对脱胎换骨的要求，过去它们一直做得很成功。卡热还指出，美国的报纸广告收入从20世纪50年代开始就一直处在下降中。

其次，很久以来一直就存在着其他的办报模式，可以帮助媒体摆脱大股东的控制，比如：作为世界上读者最多的报纸之一——英国《卫报》，就是采用基金会持股的形式；法国的第一大报纸《西部法国报》也是由一家协会持有。它们都取得了不可否认的成功。现在的

① 这是指2015年2月汇丰银行前员工揭露该银行帮助客户逃税的泄密事件。——译者注

关键是如何对这些办报模式进行改革，使它们适应新的数字时代。基金会和协会的好处是捐助者在慷慨解囊后不会再拿回他们的出资，而且他们也不会因为出了资就能得到投票权。法国当代著名新闻记者伯夫–梅里（Beuve-Méry）在 1956 年就说过："他们的意愿很单纯，也就不会惹来各种怀疑的眼光。"但这种模式的局限在于某种程度上缺乏变通：首批创办者先组成董事会，以后的成员再不断自我遴选，更替下去。于是有人就想到设立新的法律形式，比如非营利性质的媒体公司（或者基金会），一种介于基金会和股份公司之间的法律形式。公司的资本会被冻结，无法产生红利，这一点和基金会一样，但可以带来投票权，这一点又像股份公司。对于小额出资者来说，投票权可以简单按照出资比例增加，但大股东却受到严格的限制。比如我们可以假设，出资超过股本 10% 后只有 1/3 可以和投票权挂钩。这样就可以鼓励众筹的行为，而且可以超越以前许多出版公司和合作社中普遍存在的平等主义幻想。实际上，一个投资 1 万欧元的人比投资 1000 欧元的人有更大的权力，或者投资 10 万欧元的人比投资 1 万欧元的人有更大的权力，这都是再正常不过的事情。要注意的应该是不要让那些投资几十亿、上百亿欧元的人把持了所有的权力。同时，媒体公司还可以享受面向捐助的减税优惠，这也可以让不透明的报业融资模式被中性、透明的模式所取代。如果看得更远一点，这种新的模式也促使我们重新思考私人产权的概念本身，以及从民主制度方面超越资本主义的可能性。

2015 年 2 月 23 日